実学 民際学のすすめ

森住 明弘

コモンズ

はじめに

湯川秀樹さんに憧れ、奈良の吉野から大阪に出て学んだ物理学が、細分化され、社会とのつながりが切れている実態を知って、四年生になった私は落胆しました。そのころ、伊藤順吉先生に「地球深部の状態がわかる前人未踏の一〇〇万気圧を出したい先生が来る」と誘われ、「科学と技術を融合」すべく、新設された大阪大学基礎工学部の大学院に移ります。一九六四年のことでした。

そこで、今は亡き川井直人先生から「学問とは文献を読むことではない」と教えてもらいました。教授室の本棚には専門誌がほとんどなく、論文を書くときに困るのではないかと心配したほどです。でも、先生は友人などに電話して、活きた情報をリアルタイムで仕入れていました。だからこそ、私には旅館の飾り石にしか見えなかった地下深くの高圧と高温下でできる蛇紋岩が、先生には地球と人類の歴史が詰まった「珠玉の石」に見え、目標達成可能な技術を見つけたのです。

私は研究室にいるときは楽しかったけれど、下宿に帰ると「超高圧出してどうなるねん?」という疑問がもたげてきて、消えぬまま五年を過ごさざるを得ませんでした。それでも、川井先生の紹介で、より社会との関係が近い機械工学科に職を得ます。しかし、就職直前、大学闘争の波に巻き込まれました。学生たちは、仲間の処分撤回を目標にしていましたが、私は、その過程で問われた「学問とは何か」に関心が深く、「闘争」や「紛争」というより「求道」の感じで運動に参加しました。私の抱いていた疑問が、私だけのものでないことがわかったからです。そして、採用してくれた林卓夫先生には迷惑をかけたけれど、同じ研究室にいた中村裕史先輩と二人で、新しい途を歩き始めます。

彼は希代の理詰めで動ける人物であるうえ、専門以外のカメラ・花・樹木・車などあらゆる分野に造詣が深い教養人です。交通事故の鑑定を数多く引き受け、車に関する力学を十分に理解しないで書かれた鑑定をひっくり返す離れ業を何度も演じていました。彼のコーチを受けながら、市民活動の支援を始めたころは、「正しい」事実を言うことが学者の勤めと素朴に思っていたので、他人から「コワイ人」と思われても気にならず、言えない多数の学者こそダメなのだ、と意気込んでいたものです。

ところが、あるとき碁敵の戸田裕己さんから「アラ探しをして」と言われて、ハッとしました。研究者は新しい事実を見つけるべきなのに、行政などのアラを指摘しているだけではないのか、それは理系の知識に強い弁護士の仕事ではあろうが、大学に籍を置く自分ならやらない、という意味です。当時は「既知の知識のアラ探し」と、「未知の知識探し」との関係がよくわからなかったので、「ウーン」と呻りました。弁護士の仕事なら、大学を辞めなければならない。でも、辞めたくない。マルクス全集を読んでも答えはないだろう……。

迷いながら、呉越同舟になるかもしれないごみ焼却工場の周辺住民とリサイクル号に乗り、一五年近くたったころ、村上陽一郎先生（科学史）と河合隼雄先生（心理学）の論稿が目に焼きつき、岸が見え始めます。その数年後、中村尚司さんが提唱した「民際学」に出会い、上陸地点は「ここだった！」とわかりました。民際学は、市「民」が、仕事や生活で出会う人との社会関係のあり方（交「際」の仕方）を、自ら探す、「学」問です。

専門家ではなく、この市民の眼で診ると、アラには二種類あり、「どちらを探すことも研究である」といえることがわかりました。第一は、専門家であっても自然や社会の実態を完全には認識できないことにより残らざるを得ないアラです。それが原因で社会問題が生じます。戸田さんは、この第一種のアラを探す「未知の知識探し」が専門家の役割だと言っていたのです。第二は、専門家と市民の関係性に問題があるために社会に残ってしまうアラで、それを問わない専門家には見えにくいものです。この第二種のアラは、両者の関係性の再編により改善できます。したがって、両者に共通の研究課題になります。第二種のアラによって被害を被るのは、専門家ではなく市民なので、この研究の主役は市民です。これに気づいたので、市民と「呉」と「越」にならない道が開けました。

アラと捉えると廃棄物に見えますから、関心が薄れ、遠ざけたくなります。しかし、どちらのアラも、自分と自然・自分と社会の関係性が生み出す矛盾です。観点を変えれば、廃棄物の色彩が薄れ、望ましい関係性にする糧にできるでしょう。この本は、アラに見えていた私の専門家像が市民とのつきあいのなかで再編され、両者の関係性を想像する糧になり得ることに気づいた、私のライフストーリーでもあります。

二〇〇〇年八月

森住　明弘

もくじ◆実学　民際学のすすめ

はじめに　2

第Ⅰ部　民際学ってどんな学問？

第1章　私が民際学を創りたいと思った理由

1　四つの課題に答えたい　10
2　大学を駆け込み寺にしたい　11
3　市民活動こそ研究活動と言いたい　17
4　「授業離れ」を改善したい　22
5　細分化しない学問を創りたい　25

第2章　民際学の目的は関係性の創造
1　真理に到達してこなかった人間系の学問　29
2　なぜ真理は「逃げ水」になるのか　33
3　二人の関係性を創造する民際学　38

第3章　民際学はホンモノの実学をめざす
1　実学と判定しにくい人間系の学問　45
2　人間系の学問を実学にする道　53

第4章　「学」び、「問」い、「対話」する
1　勘や経験より理論が大切だろうか？　64
2　体系化の仕方に基本的問題がある　75
3　日常生活に浸透している理性モデルと平均モデル　80
4　理性モデルの問題点　82
5　理性モデルを採用してきた既存の学問　97

6　成熟モデルを学ぶ　99

第Ⅱ部　民際学を広げる

第1章　暮らしのなかの日本語や法律用語に強くなる

1　ホンモノの国語力　108
2　実学が身を守る　115

第2章　七つのキーワードで考える

1　主観と客観――客観的だから公平なのか？　117
2　科学（主義）と技術学（手段）――観察と実践の関係　122
3　因果と縁・報――人vs.モノの関係と、人vs.人の関係は？　137
4　矛盾する二つの裁量　143
5　住民・市民運動とＮＧＯ・ＮＰＯ　147
6　能率と効率を区別しよう　158

7 細分化すると、分析しても総合化できない 163

第3章 科学・技術とうまくつきあう――自分vs.自然の関係性の再編

1 有害化学物質削減運動のジレンマ 182
2 ダイオキシンを教材に人vs.モノ(微量化学物質)の関係を振り返る 186
3 市民活動は社会実験 202

第4章 社会問題を解決する工夫――自分vs.社会の関係性の再編

1 社会実験としての「やみごみ」問題 216
2 行政・住民それぞれの知恵 224

おわりに 233

装丁・林 佳恵

第Ⅰ部

民際学ってどんな学問？

第1章　私が民際学を創りたいと思った理由

1　四つの課題に答えたい

「民際学」って、聞き慣れない学問だと思います。それもそのはずで、京都で産声を上げた、生まれたてのほやほやの学問で、九八年末に新聞で紹介されたばかりです。[1] しかし、提唱者の中村尚司さんが勤める龍谷大学の大学院には専攻コースが設けられ、若者に混じって中・高年の市民も勤務先から駆けつけるなど、楽しく元気にスタートしています。

私がこのような学問を創りたくなったのは、次の四つの素朴な疑問を解きたいからでした。

① 〝市民のため〟を標榜していても、実際に市民が来ると〝専門と違う〟とか〝一人ひとりの市民に対応はできない〟と断る学者が多い。

② 市民運動をしている人を実践家と呼び、研究者と呼ばない学者が、けっこういる。

③　学生の学力低下などさまざまな社会問題の要因を、学生や社会など自分の外に求める学者は多いが、自分の学問内容を振り返る学者は少ない。
④　学問が細分化し、多くの「科」について「学」ぶ学問が増えている。
そこで、まず、この四つの疑問と、その解き方の手がかりを述べましょう。

2　大学を駆け込み寺にしたい

要請に応えてくれない学者たち

大阪市住之江区で水道工事業を営む平川司さんは、二〇年近く市内の〝やみごみ〟問題の是正に取り組んできました（その経過や現在の到達点などについては、第Ⅱ部第4章で述べます）。ここでいうやみごみとは、大阪市の焼却工場に搬入されているごみのうち、廃棄物の処理及び清掃に関する法律（以下、廃棄物処理法）で違法とされている産業廃棄物や他自治体のごみを指します。きっかけは、一九八二年に大阪市が焼却工場の建設を計画していると知り、地域の連合自治会（六単位自治会・約三〇〇〇世帯で構成）で反対運動を起こしたことです。

集会にはたくさんの住民が参加し、こんなに大勢で反対に立ち上がれる地域は少ないので、テレビでも報道されました。しかし、リーダーになった平川さんは悩みます。地域エゴとマスコミや識者からは言われるし、拳を振り上げはしたが、どのように運動していくとよいかわからなかったからです。各地で同じような反対運動をしているグループを訪ね、ヒントは得られましたが、次の二つまでは学べません。

①地域エゴ論に対抗できる、まとまった考え。

②運動の仕方についての系統的な方法。

そこで、この要請に応えてくれる学者を探していきます。

公害問題に直面するなど非日常的なできごとに出会った場合、平川さんのように、大学の先生に期待する市民は多いでしょう。とくに、新聞やテレビに出て、企業や行政に厳しい指摘をしてくれる知名度の高い先生なら、「その分野についてよく知る良心派」という期待が高まるので、訪ねる市民が増えます。しかし、多くの場合「専門と違う」とか「一人ひとりの市民に対応はできない」との理由で、支援を断られます。平川さんも例外でなく、数人の学者に断られ、市民のためとは言っているが、新聞社や企業など大きな組織の要請にしか応えない御用学者だったのだと確認しました。

そして、政党関係の知合いを通じて、やっと良心派の学者を一人見つけます。東京の私立大学に勤める法学関係の学者で、住民運動の支援経験もあるので、ふさわしく思えました。しかし、彼は、住民が妥協してしまい、「裏切られた」経験をもっているそうで、講演には来てくれましたが、継続的な支援は断られます。

ワラにもすがる思いの平川さんは、住民の支援を標榜している専門家集団の存在を新聞で知って訪ね、関西のある私立大学に勤める衛生工学の学者が講演に来てくれました。彼は「絶対反対と言うと妥協しにくくなるから言わないほうがよい」とアドバイスしてくれたそうですが、その看板を降ろすと戦う気がないと表明することになると考える住民の思いとは隔たりが大きく、つきあいはこれきりになりました。

二人の学者とのつきあいで残った重要な記憶は、ようやく見つけた良心派の学者でも、前述の①②の基本的な要請には応えてくれなかったことと、学者を呼ぶには多額のお金がかかるということ。東京の学者はグリーン車の乗車料金を要求し、もう一人の学者は仲介してくれた住民から一〇万円を渡すように言われたので、それが「相場」と思い、渡したそうです。

駆け込み寺がなぜ必要なのか

私とのつきあいが始まったのは、この二人との出会いから約三年後です。私は当時、関西地区ではほとんど手弁当で住民とつきあっていましたから、良心派の学者でもかなりのお金を要求することと、「高い相場を住民自身がつくっている」ことに、びっくりしたのを覚えています。

弁護士さんと相談に来られたとき、私は次のようにアドバイスしました。

「これまで住民は、エゴ論を超えるため、公害対策の不備を争点にしてきた。だが、大阪市のそれはかなりレベルが高いから、無理である。一方、大阪市のごみ処理政策はやみごみの大量流入という深刻な矛盾を抱えており、労働組合が是正しようとしているものの、うまくいっていない。これを争点にすると、焼却工場の安全性ではなく必要性で論争できるから、エゴ論に対抗できる。しかも、うまくいけば建たない可能性も出てくる」

これにより、住民の基本的要請の①には応えられました。②については、すでに裁判に入っていたので、「裁判制度を利用するという基本的な方法」のなかで、「やみごみの大量流入の証明方法」をいっしょに探していきます。

私が平川さんの二つの基本的要請に応えられたので、平川さんの学者観が変わりました。良心派学者でも期待に応えてくれなかった経験から、御用学者vs.良心派学者という図式の学者観では、味方をする学者が少ない→御用学者というレッテル張りをするという悪循環を繰り返すだけになると気づきます。そして、自らがスポンサーであるという自覚をもって、自らの社会活動に役立つ学問と学者を育てる（あるいは自分が学者と名乗る）「駆け込み寺」創りを目標にすることになりました。

カゼなどの日常的な病気なら、近所の病院や医院ですませますが、少しややこしい病気らしいときには大学病院に行きたくなります。このとき、医学部の先生は業務として市民に対応しているので、相場はいくらかと悩む必要はありません。ところが、病気以外の非日常的なできごとに出会った場合、医学のように業務として対応してくれる学問がなく、制度化もされていない状況のなかで、市民は途方にくれるのです。

解決法がある程度ルール化されている社会問題は、市役所の市民相談室などで解決できます。一方、ルール化されていない非日常的な問題に直面した場合、大学に期待する市民はけっこういるのに、対応できる学問がありません。それで、相場が成果以上に高くなっていても、背に腹は代えられない市民は高い費用を払わざるを得ないのです。

ただし、医学の制度も平川さんが期待する「駆け込み寺」の機能を果たすためにできているわけではないので、水俣病などの社会問題化した病気には、組織として患者さんや市民が期待できる対応をしていません。ここでは、非日常的なできごとに対応できる制度の有無という観点から、医学と他の学問を比べただけです。

多くの学問は市民のためを標榜しているのに、その市民が現実の問題に直面して、訪れた場合、どうして要請に応えられないのだろう？　この素朴な疑問を解く鍵は、「専門と違う」「一人ひとりの市民に対応はできない」という答えのなかにあります。

公害問題で困っている市民が文学の先生を訪ねたのなら、「お門違い」になるでしょう。しかし、市民は「専」用の「門」内の研究を標榜しているから、訪問したのです。それゆえ、「専門と違う」はずがないと思います。つまり、市民は専門領域を広く捉えているけれど、現実の学者は狭い専門領域にしか関心がないので、くい違うのです。また、市民のためを標榜すると、たいていの市民は当然、自分もその一人に入っていると理解します。でも、実際に訪ねてみると「一人ひとりの市民に対応はできない」と言われるのは、多くの学者は、一人ひとりの問題を解決するより、市民全体の問題を解決するほうが大切だと考えているからです。

学者と市民の現実の関係性を棚上げにしない

一般に社会問題を解決する途は、適した技術の開発と、社会関係の再編に大別できます。たとえば、ダイオキシン問題を解決する場合、ダイオキシンを発生させない焼却炉や除去装置を造ることが前者にあたり、工学関係の研究者がおもに取り組んできました。一方、発生要因である塩化ビニール類の使用を禁止したり制限するための社会・経済システムの改善などが後者にあたり、おもに社会科学関係の研究者の課題になります。

市民が直面する個々の問題は、このような基本的な問題が解決していないから生じるので、個々の問題の解決に時間を割くより、全体の問題解決に役立つ研究のほうが大切ということになるのです。確かに、公害問題は、防止する技術が未発達で、発生を防ぐ制度も整っていなかったから生じ、その後、それらが開発・整備され、解決に向かいました。したがって、この考えは、一見すると、もっともに思えるかもしれません。

しかし、問題が深刻になる前に、学者があらかじめ問題の重要性を指摘し、警告を発し、技術開発や法の整備が行われた事例は、わずかです。深刻な被害が出て、患者さんを中心とする市民が大切な時間を割いて活動して初めて、深刻さが実感され、重要性が一般市民に理解され、技術や法が開発・整備されたケースが大半です。だから、「個々の問題の解決に時間を割くより、全体の問題解決を図る研究のほうが大切」という考えは、必ずしも正しくなく、どこかに問題があることになります。

市民が期待する専門家像と現実の学者との間に生じるズレの問題と、市民のためと言いながら、一人の市民の要請に応えられない矛盾は、根が深く、長い間、回答が見つかりませんでした。しかし、中村さんと出会い、民際学に到達したとき、その答えが見えてきたのです。以下で詳しく述べますが、既存の学問は学者と市民の現実の関係性を棚上げした理論に依拠していたから、回答が見つからなかったのです！

それゆえ、民際学は、社会問題を解決する際、学者が中心になるのではなく、問題に直面している市民を中心とする学問をめざします。自分が生活や仕事のなかで直面したり関心をもった問題の解決に自らも参加して、一〇〇％はうまくいかないけれど、参加してよかったと思えるような考え方を「学」び、どのような方法がよいかを「問」うのが、「民際学」です。決してむずかしい学問ではありません。

平川さんは市民側から「駆け込み寺」を創りたくなったのですが、私はその要請に学者側から応えたくなり、民際学をスタートさせました。

3　市民活動こそ研究活動と言いたい

市民の支援と研究は違わない

私は基礎工学部に所属していますが、市民が普通イメージするような、よいモノを造ることに役立つ研究をしないで、この三〇年間、おもにごみ焼却工場や埋立地の建設反対運動を支援してきました。行政と住民が論争する場合、双方が冷静に話し合い、問題の解決を図るのが理想ですが、現実にはそうなりません。たいていは裁判になり、論争は弁護士や学者などの専門家が代わりに行います。

七〇年代前半は、高槻市や寝屋川市など大阪府下のかなりの規模の衛星都市のごみ焼却工場でも公害はひどく、洗濯物がすすで汚れるなど目で見て容易にわかる被害がありました。住民はこれらの写真を撮って、新しい工場もこのようになる恐れが強いと言います。しかし、行政はそれに同意せず、最新式の工場であるから無公害だと言うため、双方の主張は平行線です。その結果、当初は権威のある行政に軍配があがるので、住民側は自分たちの主張の正しさを証明してくれる専門家を探すことになります。

ところが、裁判に出て、しかも住民の味方をする大学の先生はごく少ないため、私は重宝がられ、全国のごみ焼却工場などに関する多くの裁判に関与することになりました（表1）。住民の味方をする学者が少ないという問題を、市民は、良心派学者vs.御用学者観で何となく納得しがちです。しかし、どちら側の学者であれ、住民とのつきあいを重視せず、支援活動に積極的になれないのは、「支援は研究活動と違う」と思っているからです。

この見方は、学者だけでなく、社会一般にあり、私も講演会などでたびたび、「研究の傍ら市民活動に熱心な先生」と紹介された経験があります。私も、当初は二つは違うと思っていたので違和感なく聞いていましたが、九〇年ごろからは、「傍らではなく、ここに来ることを本業にしています」と

表１　私が関与した裁判など

研究期間	住民の居住地	対象施設	論争の場	主要争点および結果
72～73	大阪府高槻市	下水道	大阪府	公害→和解
78～82	長野県松本市	同上	同上	公害→敗訴・改善
78～84	愛知県津島市	同上	同上	公害→勝訴・和解
78～現在	大阪府松原市	ごみ焼却工場	裁判所	公害→最高裁敗訴
79～81	京都市	同上	同上	公害→和解
79～82	大阪府東大阪市	下水ポンプ場	同上	公害→和解
81～82	大阪府河内長野市	ごみ焼却工場	同上	公金支出→和解
82～84	愛知県小牧市	同上	同上	公害→一審勝訴・二審敗訴
82～86	和歌山県橋本市	同上	同上	公金支出→和解
83～84	岐阜県各務原市	下水場	岐阜県	公害→和解
83～84	埼玉県吉見町	ごみ焼却工場	裁判所	公害→和解
83～85	滋賀県大津市	同上	同上	公害→敗訴
83～85	奈良県西吉野村	埋立地	同上	公害→和解後中止
84～85	福井県上志比村	ごみ焼却工場	同上	公害→和解
85～86	兵庫県山崎町	プラスチック油化施設	同上	公害→和解
85～87	奈良県天理市	埋立地（奈良市）	同上	公害→和解
85～89	香川県香川町	ごみ焼却工場(高松市)	同上	公害→敗訴・改善
85～2000	大阪市	ごみ焼却工場	同上	公金支出→敗訴・改革
86～87	愛媛県北条市	同上	同上	公害→和解
86～87	奈良県生駒市	同上	生駒市	公害→和解
86～89	大阪府泉佐野市	関西空港	大阪府	公害→調停不調
88～89	大阪府柏原市	ごみ焼却工場	事務組合	公害→和解
88～90	大阪府和泉市	同上	同上	公害→和解
89～92	大阪府八尾市	同上	八尾市	公害→和解
92～93	和歌山県白浜町	同上	裁判所	公害→和解
93	奈良県室生村	埋立地（民間）	裁判所	公害→和解
93～98	大阪府河内長野市	ごみ焼却工場	事務組合	公害→和解
94	奈良県室生村	ごみ焼却工場	室生村	公害→和解
94～現在	大阪府枚方市	同上	枚方市	公害・規模
98～2000	大阪府能勢町	同上	大阪府	公金支出・和解
98～現在	兵庫県山崎町	同上	裁判所	公金支出
99～現在	埼玉県所沢市	同上	裁判所	公金支出
99～現在	奈良県広陵町	同上	裁判所	公金支出

言えるようになり、民際学に到達しました。

理系の学者は、モノに働きかけ、その仕組みの解明（理学の役割）や、解明の仕方（工学の役割）を研究課題にしているので、裁判に出ることは本務でないと言うのは理解できます。それなら、文系の学者はどうでしょうか？　住民は、社会の組織の一つである行政や裁判所へ働きかけ、自分たちの立場を理解してもらおうとする際に、その働きかけ方がよくわからないから、専門家を探しているのです。それゆえ、それらへの働きかけ方を研究している文系の学者がいれば、本務ですから、出て当然のはずです。ところが、彼らは、たとえば焼却工場の公害は技術の問題で、自分たちの専門と違うと思っています。残念ながら、本務にしてくれません。

それでも、良心派の学者は、本務と違っても、企業や行政など大きな組織に属する人よりも住民とのつきあいを大切にするので、公務時間のうち少しであれば支援してくれます。しかし、それも多くなれば、逃げざるを得なくなるのです。その理由も、裁判への出廷などは研究活動ではなく、学者の社会的責任を果たす活動だと思っているからです。

大学の先生の第一の本務は研究活動、第二の本務は教育活動で、行政の委員になる・講演をする・裁判に出るなどの活動は、学問の成果を社会に還元する社会貢献活動で、副務と捉えられてきました。テレビによく出る先生は本務を怠っていると批判されますが、裁判に出ることも副務の一つですから、あまり時間を割きたくないのです。同じ副務であっても、企業や行政はスポンサーであるという自覚をもって学者とつきあっているから、出ると後で本務に役立つという期待をもてます。ところが、市民にはその自覚がないため、味方をして、本気で取り組み、本務と同じかあるいはそれ以上の時間をかけても、精神的な支援だけしか得られません。これでは、味方をする学者が少ないのは当然でしょう。

にもかかわらず、私は支援活動にハマりました。それは、研究活動では味わいがたい、社会に役立っているという実感をもてたからです。

市民活動に役立つ民際学

最近になり、市民活動に関心をもつ学者が増え、自ら市民運動を起こす学者や、市民参加を志向する学会も増えています。たとえば、四国の四万十《しまんと》川流域の諸問題を研究する「四万十学会」が創られ、私のところにも問合せの手紙が届きました。[2] ところが、そこには「研究と地域の実践家との連携をも視野に入れた新たな学術団体」をめざしていると書かれているので、「それはおかしい！」と反論しました。従来の学会と違い、関心ある市民の参加を積極的に求めているところはうれしいのです。だが、同じ学会活動をしようとしているのに、市民活動を行っている人を実践家、それに関心をもつ学者を研究者と位置づけているところが、引っかかりました。

学会活動も社会をよくするための実践活動の一つですから、両者の活動に一線を引き、社会運動をするか否かで分ける必要はありません。にもかかわらず、そうするのは、学者は客観的な真理を探すのが目的だから、特定の主張を掲げる運動とは一線を引くべきであるという学問観が根底にあるためです。どうして運動と学問を区分けするのだろうという、素朴な疑問を追究していくと、やはりその先に民際学が見えてきました。民際学では、客観的真理の探究という抽象的な目標は掲げません。市民が大切な時間を割いて、体と心を動かす運動をする際に役立つ考えと方法をともに学ぶことを原則にします。

すると、理屈上は、既存の学者は必要ありません。ただし、それは目標が達成された後の話で、そこに至るまでは既存の学者も利用してほしいのです。学者は専門知識をもち、協力できる時間もありますから、学問観さえ変われば、十分に協力できる体制にあります。学者の学問観を変えることは困難に見えますが、まず市民が変えれば、それほどでもありません。平川さんが運動をしている間に自然に変わり、それが私に影響を与え、私が変わったのが、よい事例です。

この本では、学問と運動が離れてしまった原因を追究し、前向きの市民がふだんの生活で行っていることこそが「学」「問」なのだと言える学問観を、ともに探します。

4　「授業離れ」を改善したい

授業離れの原因は講義内容にある

九〇年代に入って若者の「理工系離れ」が問題になっていましたが、最近では、「授業離れ」や

「学級崩壊」、そして「学力低下」を問題にする議論が増えてきました。小学生から大学生まで、先生が提供する授業に興味をもてない生徒が増えているというのです。私自身も直面していますから、他人事ではありません。

ある大学に年一回、ごみ問題の講義に行きます。数百人の受講生が入れる大教室で行いますが、講義中にも入れ替わり立ち替わり学生が出入りし、あちこちでしゃべる声が少なからず聞こえる状態です。昔のように、聴きたくなければ欠席する学生が多数派ではありませんから、ずいぶんやりにくくなってしまいました。

改善しようと努力する先生もいますが、うまくいきません。そこで、根本的に考えようとして、新聞などで意見を述べる学者が増えてきました。しかし、入りにくいが出やすい入試制度、ゆとり教育などによる小・中・高校での理科の授業時間の減少など、学生や社会の側に要因を求めるものが多く目につきます。ある先生は、「現代の大学生は学問に対する情熱が欠けている」のが根本原因であるから、「本当に学びたいという情熱のある人だけが入れる」ようにすべきであると結論づけています。(3)

このように、授業離れにとどまらず、環境問題などさまざまな社会問題を論じる先生方は、対象にした相手の問題点を分析し、体系だててまとめて解説し、忠告し、善処を求めてはくれます。ところが、自分がその問題にどう取り組んだのか、どこに問題があるからうまくいかなかったのかまでは、語ってくれません。

この先生も例外でなく、自分が直面している問題であるにもかかわらず、学生に責任転嫁しています。講義に対する学生の意見をアンケートで尋ねるなど改善を模索し、学生から「熱心な先生」と評価を受けているようですが、〝から回り〞に終わっているのです。そこを掘り下げていくと、自身が提供する情報の内容（学問内容）に根本的問題があることが見えてきて、有効な改善策も出てくると思うのに、そうはしていません。「学問に情熱を傾けろ」と言っても、多くの学生は「講義はむずかしかった」とか「興味がもてなかった」と回答しているようですから、この先生が提供する学問内容に問題があることがわかるはずです。にもかかわらず、そこに関心がいきません。

自分のかかわりを一人称で語る

私は、そこを掘り下げてみました。すると、かなり時間がかかりましたが、民際学に到達し、講義の場は重要な研究の場でもあると位置づけることができるようになり、自分の提供する学問内容と学生の関係（すなわち社会との関係）が見えるようになりました。

従来の学問観では、講義の場で行われる行為は研究ではなく、教育と位置づけられます。教育と捉えると、研究の結果、「わかった」「正しい」ことを「教」え、学生や生徒を「育」てることが仕事になります。教える側は、それらに疑念をもたず、振り返る必要性はあまり感じません。それで、関心をもたず、わからない学生が「悪い」となるのです。

ところが、何を、どのように、わかりたいか、何を正しいと感じるかは、時代や環境によって大きく変化します。したがって、自分が提供する情報が学生に興味をもたれなくなったら、その内容を振り返り、自分がわかりたかった時代や環境との違いを認識し、再編することが肝要です。「なぜか」や「どのようにすればよいか」は、「わからないこと」ですから、研究行為そのものです。講義の場は、その経過や結果を評価してくれる人が目の前にいるのだから、得がたい重要な研究の場にもなります。

書斎や研究室ではなく現実社会で行うこのような研究行為を、私は「社会実験」と位置づけました。詳しくは第Ⅱ部第２章で述べますが、社会現場で課題を探求する実験を行っていると考えられるからです。

それゆえ、民際学は、社会問題を外から客観的に解説するのではなく、その問題に自らもかかわった実験経過や結果を、一人称で語ることを基本にします。「授業離れ」は私も直面している問題ですから、講義の現場で学生と語り合いながら、要因を探し、改善策をともに考えてきました。活字離れも激しいですが、この本を辛抱して読んでもらえれば、学生が講義に興味をもてない要因がわかり、その克服策も見えてくるでしょう。

5　細分化しない学問を創りたい

既存モデルが前提では必然的に細分化する

私が大学に入学した一九六〇年ごろは、科学の進歩が素朴に信じられていた時代です。私も湯川さんのようになりたいと思い、物理学を選択。そして、物質世界を統べる法則や、その探し方を教えてもらったので、夢が膨らみ、早く四年生になって研究したいと思っていました。

ところが、いざ研究室に所属し、与えられたテーマを見て、落胆しました。湯川さんやニュートンが発見したような大きな課題ではなく、小さな小さな課題に応えようとする小さなテーマだったからです。初心者ですから、テーマは小さくてもかまわないのですが、核融合や原子力開発（当時は夢をもって語られていたのです）など社会的な意味がわかりやすい大きな課題とのつながりが見えにくいものでした。研究室では、半導体に放射線をあてると内部がどうなるかという課題に応えるための一手段として電気抵抗の変化を測定していましたが、その電極の改良がテーマだったのです。

当時はよくわからなかったけれど、いつのころからか、社会的な課題の解決を標榜はしていても、現実には、物質内部の仕組みの解明（物質に関する知識を積み上げること）自身が課題になっていました。といっても、内部は複雑ですから、課題により適した内部モデル、解明方法も変わってくるはずです。ところが、現実には、ニュートンなどの偉人が創った既存モデルや解明方法の適否は、たいして議論しません。大半は既存のモデルを前提にして、時間的・経済的に可能な手段（私の場合には電気抵抗の測定）で、さらに詳しい仕組みを解明する研究が大半でした。

こうして、既存モデルを前提に研究を続けると、先輩たちが解明したところは課題になりませんから、後に続く者のテーマは必然的に細分化されます。すると、自分の日常生活や将来つくであろう仕事との関連性が感じられない物質内部の細かい仕組みの解明がテーマになってしまい、意義を感じられなくなるのです。

それだけでなく、もっと虚しいことがありました。小さなテーマでも修士課程であれば二年、博士課程であれば三年という時間をかけて一つの論文にします。それだけの大切な時間を使って書いたのに、ほとんど読んでもらえません。理系では、被引用率という形で評価を受けますが、日本の学者のそれは七％程度だそうです。文系ではこのような報道はありませんが、大学を訪れると、梱包されたまま廊下に高く積まれた『紀要』（大学が発行する研究雑誌）に出会うことなどから、似た状況にあると思います。

現実に生きている人を対象にする

このような学問の細分化は、私が学生であった時代すでに問題視されていました。最近では、オウム事件に理系の大学院生が関与したことから、改めて教養学などの総合的な学問の大切さが訴えられ、教養部を再編する際、「総合」や「人間」という名称をつけた学部ができたりしました。しかし、細分化した学問を寄せ集めると、いまもある総合大学ならできますが、総合的な学問ができるわけではありません。

文系・理系を問わず細分化は拡大し、より細かい専門分野別の学会がたくさんつくられました。その結果、学生をはじめ学問の受益者の関心事と先生のそれとの距離は、必然的に広がっていきます。市民や学生が「〇〇学は何の役に立つのか」と「森の問題」を提起しても、「木を見て森を見ず」で、森の中の個々の木に相当する答えしか返ってきません。

人類のため、世界のためと志は大きくとも、実際に読まれて、他の人に役立つ確率がこんなに小さいのは、方法のどこかに問題があるからです。しかし、細分化の問題を指摘する識者は多くても、その原因にまで踏み込む人には出会えず、長い間よくわかりませんでした。そんなとき、中村さんが、「細分化の要因は、研究者の対象が、抽象化・一般化された人間であり、現実に生きている人間ではないところにある」という鋭い指摘をしているのを知り、私は長いトンネルを抜け出すことができました。

確かに、学者は論文を書くとき、具体的な人間ではなく、現実にはいない抽象化された人間を相手にしています。抽象化された人間は、自分が研究の結果わかったことを読んでくれるわけでもないし、評価してくれるわけでもありません。すると、わかったことを社会がどう使い、次の課題は何なのかが見えてきません。だから、いまの専門のなかでわからないことを課題にするようになり、必然的に細分化します。これは「コロンブスの卵」で、言われるとそのとおりなのに、気づきにくいものです。

(1)『朝日新聞』一九九八年一二月一一日(大阪版)。
(2) 四万十学会設立検討会「四万十学会設立検討に関するアンケートのお願い」一九九七年一二月一二日。
(3) 田口善弘「当世大学生気質——勉学に元々『興味なし』」『日本経済新聞』一九九八年九月二〇日。

第2章　民際学の目的は関係性の創造

1　真理に到達してこなかった人間系の学問

一人ひとりを大切にしない

中村尚司さんは若いときから南アジアを研究してきましたが、二つの大きな疑問をもつようになりました。

一つは、その方法や成果の発表の仕方についての疑問です。諸外国の研究というと、その国に行ったり、いろいろな文献を調べ、成果を論文にして一段落というのが普通です。その論文をその国の研究者が読んでくれることはあるでしょうが、研究対象にされた現地の人が読むことはほとんどないのが現状ですから、現地の人に役立ったかどうかわかりません。良かれと思って書いたことが、かえって迷惑になっている恐れもあります。

たとえば、それらの国の悲惨な状況をデータで証明し、関係者に改善を期待するという結論を導き出したとします。しかし、現地に改善する意気込みや力量がないかぎり、外国人にそうした事実を知られてしまい、モルモットにされたという印象が残りがちになる場合も、けっこうあるからです。

もう一つは、目の前のアジア人が困っている問題にかかわる研究者が少ないことです。日本にはアジア各国から多くの人びとが来るようになりました。先進諸国の人びとと違い経済的に恵まれていないので、住宅や医療などさまざまな社会問題に直面する場合が多く見られます。中村先生は、そのような人びとに喜んでもらえるようにするのがあるべきアジア研究だと思って実践してきました。ところが、多くの研究者は、それを「運動」と捉え、「研究」とは捉えないので、本気には取り組んでくれません。

第一の問題は、研究成果を直接現地の人に伝えるのではなく、文献に著すことから生じ、第二の問題は、現実の人間よりも文献を大切にしていることから生じています。それゆえ、この二つの問題は、実在する人びととのつきあいでなく、文献を大切にする研究観から派生していることがわかります。

このような研究観は、一人ひとりではなく、人間をまとめて集団として捉え、集団全体の問題として解決したほうがよいという考えから生まれています。それで、一人ひとりではなく、集団に伝えるべく、文献にすることを優先するのです。

実際、アジア研究でも、対象になるアジアの人びとをインド人・スリランカ人などとまとめて認識しようとしていますし、他の研究でも国民・市民・女性・労働者などと抽象化して、労働問題や女性問題の解決をめざします。そのほうが、個々の問題を解決するより、効率的・能率的になると考えたからです。それで、中村さんは、日本人vs.インド人・スリランカ人などの「国際」関係を研究する学者と紹介されたりしました。

物質系の学問と人間系の学問に分ける

大半の文系の学者もこのような研究観をもっているのではないかと私は思い、教科書などを調べてみました。その結果、これまでのように、モノを対象にする学問を理系、人間を対象にするのを文系と区分けしていると、医学が困ることに気づきました。医学は人間を対象にしていますから、本来なら文系の学問のはずです。ところが、理系に区分けされ、私もそれに疑問をもっていませんでした。

この本では、ごく大雑把に、心のない物質を扱う学問を物質系、心の動きが関係する人間を対象にする学問を人間系と区分けしました。最近の医学は、心の動きと物質としての体の動きの関連性を明らかにしつつあります。ただし、その場合でもおもな関心事は、心の動きが物質の動きにどう影響するかにあり、生身の人間の心の動きには関心が浅いので、物質系に入れます。人間以外の生き物も心をもっていると思いますが、この本ではその分野についてはふれません。

このように区分けし直して、物質系・人間系の学問を振り返ってみると、ほとんどの学問は世の中の仕組みを明らかにすることを目標にしています。たとえば、一時評判になった『知の技法』（東大出版会）を共同執筆した小林康夫先生は、「学問とは、一定の対象に関する普遍的な記述を与えること」であり、それができることによって、「われわれはその対象を操作し、統御することができるわけです」と述べています。(1) また、ある哲学者は、多くの学問は「自然現象や社会現象の根底に潜む法則を解明して、それを利用して予知、制御、支配するという近代の発想」で創られてきたと言っています。(2)

まとめて全体の面倒を見ようとすると、この哲学者が述べているように、全体を貫く法則を見つける必要があります。それで、多くの人間系の学問は、この法則を探すことを課題にしました。

たとえば、学生向けの新聞で、法学の先生が「歴史を学ぶ際に高校のように暗記しても、それは知識であり、科学ではない」断わったうえで、「歴史学は、人間の歴史の発展法則を解明する」学問であると語っています。(3) 経済学の先生は、「経済学は、直接的には、資本主義社会の生産と分配の社会関係を分析して、その仕組み（内的構造）とそれの維持及び発展に関する法則を明らかにする」と述べ、(4) 社会思想史の先生は「経済学は経済的事実を客観的に確認し、事実のつながりから一般性を引き出し、この一般的観念をもって再び経済に戻り、経済のメカニズムを説明する」と言っています。(5)

そのような法則を真理とも言いますから、学問の目的は真理探究ということになったのです。物質系の学問では、ニュートンの法則・らせん構造のＤＮＡなど物質世界を統べる法則はかなり見つかっていますから、真理探究は成功したとの印象をもてます。しかし、人間系の学問では、長い間、多くの学者が研鑽を積み重ねてきたにもかかわらず、見つかっていません。いまだにそれが目標になっているのをみると、人間系の真理は追いかけても到達しない「逃げ水」なのでしょうか。

2　なぜ真理は「逃げ水」になるのか

キーワードを矛盾なく定義できない

「逃げ水」観が正しいことは、小林先生の本の初めを読むとわかります。真理、普遍、学問、市場など基本的な用語は抽象的ですから、使う人によって内容が違うのは避けられません。話し合っても、たいてい平行線です。そこで、学者はこれらの基本概念を定義しようとします。ところが、全体を矛盾なく説明できる定義はできにくいようです。

たとえば小林先生は、「普遍性の有無」を学問の成立要件の一つにあげ、「記述は、けっして記述する人の主観に左右されるものではなく、原理的には『誰にとってもそうである』ような仕方で記述されているのでなければなりません」と述べます。しかし、そのすぐ後では「普遍性は、あらかじめ存在するものではなく、それに到達し、それを獲得することをわれわれが目指すべき地平のようなもの」だと言うのです[6]。学問の成立要件が、まだ存在しない獲得目標であるのなら、まさに「逃げ水」を追っていることになり、永遠に学問と呼べるものは存在できないという矛盾が生じてしまいます。

『複雑系としての経済』を著された理系出身の西山賢一先生は、「市場」という経済学の基礎概念がいまだに客観的に定義されていない事実を指摘し、「経済学の基礎はぐらぐらしている」と述べました。(7) 市場について、ある学者は「人為的な拘束を加えなければ経済が自然にたどり着く安定な状態」と捉え、別の学者は「多くの制度に守られて初めて存続するもの」と捉えるなど、複数のしかも相矛盾する立場があり、どれが客観的に正しいか決着をつけぬまま、「有無を言わせぬ迫力」で使用しているとのことです。確かに、『日本経済新聞』などに登場する経済学者のなかには、「市場のことは市場に任せるべし」と自信ありげに語っている人もいます。

「市場」は、物質系の学問の「重力場」「電場」「磁場」などに相当するきわめて重要な基礎概念です。後者で電子などの物質が運動するのに対応して、ここで人間が活動してきました。その因と果の関係を明らかにし、「予知、制御、支配」したいのなら、これを矛盾のないように一義的に定義する必要があることは誰でもわかります。ところが、後者はそうなっているのに、前者はいまだ定義ができていないというのです。これは、物質系の学者なら、「考えられない！」とびっくりするようなことがらです。

物質系の学問は、キーワードを矛盾なく定義できたので、議論がかみ合い、真理に到達できました。一方、人間系の学問では、いまだに定義できていないから、「逃げ水」を追うことになります。

市民や民衆の定義がむずかしい

ただし、これは、人間系の学者だけが背負っている矛盾ではありません。物質系の学者も対市民との関係で背負う矛盾です。

水俣病などの社会問題に物質系の学者がかかわった際、強い側に味方する学者は御用学者、弱い側に味方する学者は良心派の学者と言われました。残念ながら後者が少なかったので、市民あるいは民衆のための科学や学問を新たに創ろうとする運動が起きました。しかし、いまだにそのような科学や学問ができあがったという印象をもつことはできません。その理由は、市民も民衆も権力も抽象化された集団を指す概念で、それらを矛盾なく定義することはきわめて困難だからです。自分と対話する人が、そのどちらに属するかを客観的に判断しにくいうえ、民衆同士が対立する場合も少なくありません。

そのとき、学者は、どちらかの味方をするか、黙って関与しないかの三つの選択肢のなかから、一つを選ばねばならなくなります。どれを選択しても、どちらかから、「御用学者になった」「変心した」などと批判される恐れがあります。

たとえば、ある著名な大学教授が住民投票について、「広い視野をもてず、情緒的になりがちな大衆による直接民主制的な住民投票は、国益を損なう恐れがある」という趣旨の発言をしました(8)。しかし、吉野川河口堰（徳島県）や巻原子力発電所（新潟県）の建設反対運動などは、この教授よりはるかに識見があり、広い視野に立った住民が、そのなかからリーダーを生み出し、運動に成功したのですから、「情緒的になりがちな大衆」の定義にあてはまらない典型例です。本人は、国を憂い、よいことを言ったつもりでしょうが、識見のなさを露呈しては、御用学者になったと言われてもやむを得ません。

また、ダイオキシンをめぐる議論の過程で、環境問題に関心の深い中西準子さんが、市民団体が発行する機関誌で『市民のための高木学校（大学を辞め、原子力資料情報室を主宰した高木仁三郎氏が始めた私塾のこと：著者注）と市民を忘れた中西論文』という批判を受けました[9]。

私は、彼女はずっと従来の基準の良心派学者の姿勢を貫いていると思っていますが、ある立場の住民には「変身した」と映るようです。第Ⅱ部第3章で詳しく述べますが、中西さんは、マスコミで言われているほどダイオキシンによる汚染はひどい状態ではないことを科学的に立証しました。ところが、ダイオキシンの追放運動をしている市民やマスコミは、それに気づかず、汚染はひどい状態と誤解して対処しようとしているので、費用対効果が小さい政策が採用されるなどの問題が派生します。それで、彼女は、少数であっても、きちんと主張しようとしているのですが、その立場が容易に理解されず、「変身した」との批判を受けてしまうのです。

解明方法が見つかりにくい

人間系の学問の場合、真理が「逃げ水」になる第二の理由は、「つかまえ方」が定まらないからです。未知の法則を探すのが学問の課題ですから、たとえば「歴史の発展法則を解明」しようとすれば、その解明方法を探す必要があります。しかし、それは容易に見つからず、人によって違うのは避けられません。そのなかでどれがよいかを議論すると、方法は各自が思い描く法則の内容により違うし、どれがよいかをあらかじめ予測できないから一致しにくく、平行線をたどりがちになります。

一方、物質系の学問では、法則が見つかっている場合がほとんどです。それゆえ、どれがベターか予測しやすいし、かりに平行線になっても、研究室に戻ってモノと対話すれば、どちらの方法がよかったか決着がつきやすいのです。

これは、学者の世界だけではありません。私たちが社会生活全般で出会うジレンマです。まず、互いに使用している基礎的な日本語の定義が一致していないため、思い浮かべるイメージがずれます。そして、目的を達成するための手段の善悪を判定する客観的基準もありません。

亡くなった作家の高橋和巳さんがかつて『悲の器』で、このようなときは、信頼されている人が「マルクスが言っている」などと、皆の共通権威になっている人の言葉をうまく引用して決着をつけると書いていました。牧師やお坊さんが、聖書やお経の言葉をうまく使って丸く治める術を、俗人は科学（的社会主義）を使ってしていたわけです。

そのような共通の権威がなくなると、平行な溝は埋まりがたいので、たいてい「わかってない！」などと一喝してしまいます。しかも、関係性がよいはずの二人でさえ、平行線のまま別れてしまいがちです。とても社会全体をよくするという学問の目標の達成など望み得ません。

応援団が増えない

「逃げ水」になる第三の理由は、応援団が増えないことです。

学者は、市民・女性・労働者など抽象化された集団に、「共によくしよう」と呼びかけます。すると、当然〝私も含まれている〟と期待する人が増えます。しかし、彼らに「全体の問題解決に役立たいから、君個人の問題にかかわる時間はない」と言ってしまったら、たとえばそれが外国人なら、その学者をさらに抽象化・一般化して「日本人は不親切だ」と思うでしょう。共に歩むどころか、応援する気さえ失せます。これでは「水」をつかまえられぬのは道理です。

3　二人の関係性を創造する民際学

紙一重の関係

人間の諸活動をまとめて集団として認識し、それを貫く法則を見つけ、しかも、「一定の対象に関する普遍的な記述を与える」という普遍性の要件を満たそうとすると、見つけようとする法則が「逃げ水」になり、捕まえられないことがわかっていただけたでしょう。たとえば市場などのキーワードの場合、物質系の学問のように一義的に矛盾なく定義したうえで、それに合致した市場を探し、定義どおりに運営されていることを論証する必要が生じます。しかし、いまだに定義すらできていないため、論証などできず、定義どおりの市場は「逃げ水」になってしまうのです。

それなら、法則探しと普遍性を学問の要件からはずしてみたらどうだろうか、と考えてみました。

すると、キーワードを一義的に矛盾なく定義する必要はなくなります。その呪縛から解き放たれると、人間系の学問は物質系の学問と違い、むしろ、キーワードは多義的で、しかも互いに矛盾を含むところに特長があるのでは？という仮説を思いつきます。そこで、この仮説を検討してみましょう。

市場が多義的で、しかも互いに矛盾を含むのは、私たちの心のなかに、自由な市場もよいが、弱肉強食になっても困るから管理（束縛）も大切だし……という矛盾した心があるからです。

自由と管理（束縛）だけでなく、信頼感と不信感、依存心と独立心、愛と憎しみ、善と悪、利他と利己など相矛盾する気持ちが、私たちの心のなかには分かちがたく共存しています。ここでは、このような性質を「相矛盾する性質の共存」と呼ぶことにし、共存の様子を考えてみましょう。

「可愛さあまって憎さ百倍」というように、二つは表裏一体（以下「表裏一体性」と呼ぶ）の関係になっています。しかも、同時刻に存在し、片方は裏側に隠れていますが、二人の関係性が変化すると表に出てくる関係です。また、束縛感が強いと自由の欲求も強くなるが、ほどほど自由になると、置いてきぼりにされたのでは？と不安になり、少し束縛（あるいは管理や指導）してほしくなるときもあります。自由と（関心をもってもらえない）放任とは紙一重だからです。「愛憎半ば」も同様で、「愛」と「憎」は多くの場合、紙一重の関係です。このように、相矛盾する性質が両極端に大きく離れていないこの関係を「紙一重性」と呼ぶことにします。

西山先生は、経済学の基本概念である生産と消費も、対極的に二つに分割できるように見えるけれど、実際には一つの活動のなかに両者が表裏一体の関係で同時共存していることを、次のようにみご

とに論証しました。(10)

これまでの経済学は、生産と消費をきれいに分割可能としてきた。「消費は通常、すでに目の前にある財やサービスから、必要なものを選んでくるだけの、たぶんに受け身の活動としてとらえられる」。しかし、「生命を再生産しようとするのが、消費という活動のもっている本質的な内容」であるから、決して「生産の対極の行動」ではない。消費は「私たちの価値観や世界観といったものが大きな役割を果たしている」「創造的な生産活動」とも捉えられる。一方、「生産の活動は、生命と資源を消費することで財とサービスを生産する」活動だ。

ここでいう生命とは、自分と他者・他の生き物の両方を含みます。私たちの体を構成している何兆もの細胞は日々死に絶え、新しく生まれ変わっており、生と死は同時刻に共存しています。その矛盾を乗り越えるのが「生命を再生産しようとする」消費活動であり、その活動を支えるために必要な「財とサービス」を、「生命を消費しながら」生産活動しているというわけです。家畜や野菜の命をいただいているというのはよくわかりますが、自分や他者の命を消費するとは少しわかりにくいでしょう。しかし、他人が自分のために、自分が他人のために使う時間と考えれば、なるほどと思います。

この定義なら、財やサービスの生産を増やすと、そのぶん命が消費されることになるから、ほどほどにしたほうがよいという結論を導きやすくなります。このように、生産と消費はきれいに二分できるものではなく、分かちがたく共存しているというのです。

生産と消費だけでなく、負担と投資についても同じようなことが言え、何らかの夢をもってお金を出すと投資、夢がないと負担に感じます。たとえば、ごみの有料化は、よりよい社会システムができると期待する人にとっては負担感より投資感のほうが強くなるでしょう。私の場合は、寂れた街の商店街を活性化する夢をもっています。それを実現するため、自分にできることは何かと考えてみました。その結果、量販店に比べて一割程度価格が高くても、その差額は、コミュニティを守り、維持するための投資であると思えるようになったのです。こうして、お酒などを地元で買うことを負担増と感じなくなりました。この場合、差額がわずかですから、投資と負担の差は紙一重の関係です。

これらの例から、人間系の学問のキーワードは多義的で、しかも互いに矛盾を含むのが常態であることがわかるでしょう。そのため、一つの社会問題にいろいろな解釈が可能になり、社会的に力の弱い側の解釈が通りづらいという問題が生じます。市民運動の支援を始めたころの私は、キーワードは一義的に解釈できるし、すべきだと思っていました。そして、企業や行政など力の強い側の解釈は間違っていると思い、それを論証しようとしたのです。しかし、多義的であり、矛盾を内包していることに気づくと、自分の解釈が正しいと論証できにくいことがわかりました。

けれども、悲観することはなかったのです。多義的であることをうまく活用すると、相手の説の間違いを論証できなくても、社会問題の解決に貢献できることに気づきました。発想の転換は、キーワードが多義的であるからこそできます。大切なのは、自分の行為を定義し直すことです。たとえば私は、学生に情報を提供する行為を教育と定義するのでなく、研究と再定義できることに気づきました。地元の酒屋さんで少し高い酒を買う経済行為を投資と再定義したこと、台所の生ごみを堆肥という資源を生み出す原料と定義し直せたことも、同様の事例です。

市場や生産を矛盾なく定義できないから問題が解決されないのではありません。自由と管理など相矛盾するキーワードの境界が多くの関係性に左右され、一つの理屈で引けないから、多くの定義が生まれていたのです。これに気づくと、人間の諸活動を矛盾なく説明できる理論を創ろうとする営みは徒労に終わりそうだということが見えてきます。

普遍性や記述性を求めない

こうして、中村さんは、そのような理論創りとはきっぱり決別します。そして、集団としてまとめて人間を捉え、抽象化してから生身の人間に出会う「国際」関係ではなく、出会った人との関係性を大切にする「民際」関係を研究したくなったのです。この考えは、日本人vs.外国人の関係だけでなく、日本人同士にも適用できます。だから、中村さんによる民際学の定義は、「市民が普通の生活をしながら、他者と望ましい・新しい関係性を創造するために、自分の課題に自分で応える学問」です。

小林先生の定義と比べると、その特長がよくわかるでしょう。民際学は、①「普遍的」かどうかを学問の成立要件にしないし、「対象を操作し、統御する」ことも目的にしません。私の生き方、私とあなたの関係性がよくなるか否かを問い続けることを成立要件にします。それゆえ、結果を二人で確かめればよいのですから、②記述性も要件にする必要はありません。書かなくても、「学」「問」できることになります。

かといって、全体のことを忘れ、いわゆる個人的な生き方だけを追求するわけではありません。社会を構成する私たちは、孤立して存在しているのではなく、いろいろな人とつながっており、二人の対話内容は社会の状況を反映しています。したがって、二人の関係性がうまくいかない原因も、そのなかに潜んでいるはずです。それを調べ、関係性がよくなるように努めると、全体もよくなるのではないか。こう考え、関係性に焦点を当て、そこを出発点にし、あくまでこだわってみることにしました。また、全体について語る場合でも、出発点は身近な私とあなたからです。

だから、「二人の関係性の創造」を第一目的にしました。民際学は、民衆の学問でも権力側の学問でもなく、市民一人ひとりが自分で創る学問です。

出会った市民との関係性をよくする

その成果は、実際に現れてきました。私も中西さんのデータを使い、ダイオキシンは怖くない状態であると市民に言っていますが、彼女のようにあからさまな非難を受けず、微妙な関係を保てています。

従来の御用学者vs.良心派学者観で、市民や自分を見ていたら、彼女と同じように考え、言っていたでしょう。しかし、民際学に到達した私は、社会全体ではなく、自分が出会った市民一人ひとりとの関係性をよくすることを、学問の第一目的にしています。そこで、ダイオキシンの怖さの程度を科学的・客観的に語ろうとするのではなく、「ダイオキシン問題と市民のかかわり方」を市民と共に考えるようになりました。

「ダイオキシンが怖い状態である」ことがたとえ「誤解」であったとしても、そのような誤解を市民に与えてしまったのは、市民vs.学者の関係性のあり方が要因の一つと考えているからです。それで、「誤解」している市民との関係性をとくに重視し、どうすれば「誤解」に気づいてもらえ、どうすれば「誤解」を解いてもらえるかに関心を集中して、対話を重ねるようにしています。

(1) 小林康夫・船曳建夫編著『知の技法』東京大学出版会、一九九八年、四ページ。
(2) 黒崎政男「『予測の発想』崩れる」『日本経済新聞』一九九五年一一月一四日。
(3) 渡辺洋三「社会科学と法の精神」『学生新聞』一九九六年四月一三日。
(4) 遠藤茂雄『経済学入門』法政大学出版局、一九八七年、四ページ。
(5) 今村仁司「経済を学ぶ2」『日本経済新聞』一九九八年三月三一日。
(6) 前掲(1)。
(7) 西山賢一『複雑系としての経済』NHKブックス、一九九七年、七〇ページ。
(8) 佐伯啓思「住民投票と代議制②」『朝日新聞』二〇〇〇年四月一九日
(9)『廃棄物列島』一一四号(一九九九年五月)、廃棄物を考える市民の会。
(10) 前掲(7)、九八〜一〇〇、一三九〜一四二ページ。

第3章　民際学はホンモノの実学をめざす

1　実学と判定しにくい人間系の学問

目標を達成していない経済学など

全体を統べる法則を見つけようという発想で問題に取り組んできた結果、物質系の学問は成功をおさめ、物質世界の仕組みはかなり明らかになりました。

ニュートンの法則などの目に見えない基本法則は、物質世界との対話法、すなわち技術の助けにより見つけられています。基本法則が認知されると、それを手がかりにまた新しい技術が開発され、それがまた別の法則の発見につながるという相乗作用により、物質世界の仕組みは、よく見えるようになりました。仕組みを解明して予知するという物質系の学問の目標は、かなり達成できたのです。

それに対して、人間を対象にする人間系の学問は、どうだったでしょうか？

『知の技法』を著した小林康夫先生も認めているようにまだ発展途上で、「その対象を操作し、統御する」という目標を達成した学問はないようです。仮に経済学がバブル崩壊とその影響を予測し、早いうちに警告を発し、制御していてくれれば、こんなに長いあいだ不況で苦しまずにすんだでしょう。

これは、決して「ない物ねだり」をしているのではありません。確かに崩壊の影響の大きさを予測するのはむずかしかったかもしれませんが、崩壊の予測自体はむずかしい理論なしでもできたと思うからです。新聞の経済欄を見ていると、多くの社長がバブルにノッてしまったけれど、ごく少数は手を出すことを戒め、辛抱しています。私の住んでいる土地にも、現在の相場の三倍で買いたいというチラシが入りました。しかし、売って次の土地を買うとすれば、もっと値上がりするだろうから多額の借金が残ることが予想できたので、止めました。

ただし、経済のメカニズムが自分の糧になっていなかったので、自分の損得を考えるにとどまり、崩壊の影響の大きさや、金利がこんなに下がり、自分の生活や市民活動にも影響を与えるとまでは、予測できませんでした。それができていたら、市民活動的に取り組めたかもしれません。「予測と制御」をめざしていたら、決してできないテーマではなかったと思われます。

授業離れの問題にしても、言葉の意味から考えると、教育学の重要課題のはずです。教育学がそれを予測し、有効な解決法を提示してくれれば、現場はずいぶん助かったでしょう。

同じ目標で取り組んだのに、物質系の学問と人間系の学問では、かなり差がついてしまいました。

実学とみなされてこなかった

成功した学問には期待が高くなるようです。たとえば、地震の予知ができないと地震学者が批判され、医者と患者の関係が悪いと医学のあり方を問う声が高くなるなど、社会問題がうまく解決できないと、物質系の学問は問題にされるケースが多くあります。しかし、経済学や教育学など人間系の学問は同レベルでの批判は受けません。前者は、実生活に役立っている実学という印象が強いのに、後者は必ずしもそうでないからでしょう。

実学を広辞苑で引くと、こう書かれています。

「①空理・空論でない、実践の学、②実際に役立つ学問、法律学・医学・経済学・工学の類」

実生活に役立つ学問が実学であり、そのなかには法学や経済学など人間系の学問も入っていることがわかります。文学・芸術なども①にいう実践の学の一つだと思いますが、実学の範疇に入れていないのは、実生活が豊かになり、余暇に行う学問だと考えているからでしょう。また、法学や経済学が実学との印象が薄いのは、以下に述べるように、二つの学問の成果の基本的性質が違うため、物質系の学問に比べて、役立っているとの印象が残りにくいからだと思います。

「珠玉」か「ただの石」か見極めにくい

第一に、学問成果の見え方の違いです。物質系の学問は、便利なものを生み出すなど多数の市民の目に見えやすい形になったものが多くあります。これに対して人間系の学問の成果は、思想のように形のないものです。したがって、創設者や支持者には「珠玉」に見えても、多くの人には「ただの石」に見えてしまう、厳しさ・むずかしさを内包しています。たとえばマルクス経済学はかつて、かなり多くの人びとに社会をよくする実践活動に役立つ学問と思われていましたが、現在では「ただの石」とみなす人が増えました。私にとっては珠玉の石である民際学も、残念ながら、まだ少数の人にしか関心をもってもらえません。

どちらの学問も、対象のごく一部（物質系の場合には研究室内の電子や原子、人間系の場合には集団）を観察した結果ですから、最初はともにローカルな成果です。しかし、心が関係しない前者の成果は容易に参考にでき、マネしやすいので、短時間で全国的・世界的成果になります。それに対して後者のそれは、人と人の関係性により価値が変化するので、普及には時間がかかります。

仮説にとどまる

第二に、成果の使い方の違いです。物質系の学問の成果は、物質世界と対話した結果であるので、きちんと理解さえすれば、真理として使用できます。いわば確定説です。これに対して人間系の学問の思想は、理解できたとしても、使ってみなければうまくいくかどうかわかりません。仮説の段階にとどまらざるを得ない性質を内包しています。

たとえば、男女同権思想を講演会などで聴いて、「よい考えだ！」と思ったとします。しかし、友人や家族に言っても、現実の男女関係を是正するのはけっこうむずかしいので、期待するほどの成果を上げられない場合が多く、「役立った」との印象をもちにくいでしょう。聴いて、正しく理解し、使用しても、直ちに役立つわけではないむずかしさを秘めているのです。

そのうえ、既存の多くの人間系の学問は、対象を客観的に第三者の目で見なければダメという考えで創られています。それゆえ、学者自身は、自分の考えにしたがって現実社会を歩き、理論が妥当か否か確かめる作業を原則としてしません。かりに、その作業をして妥当でないことがわかったとしても、第4章4・5節で詳しく述べるように、それは理論どおり行動できない対象の責任に帰す考えで創られています。

このように現実社会で妥当する理論か否かを検証する前段階の説を、第ゼロ近似説といいます。そして、現実社会に適用して、うまくいかないところを修正したものを第一近似説といい、だんだん妥当な説に完成させていくわけです。これまでの人間系の理論は、この作業を経ていません。だから、初歩的な仮説にとどまらざるを得ないため、市民が使用しても「役立った」という印象をもちにくいのです。

第ゼロ近似説のままでは、批判の刃は学者に向けられる結果になると、心ある大学関係者は次のように警告しています[1]。

「大学関係者は社会に対して競争促進や情報公開、顧客本位の経営を説いてやまない。しかし自らの組織では石氏（弘光一橋大学長：著者注）の言うごとく全く逆の状況を放置したままという『言行不一致』では、社会経済情勢が一変する中で国民から厳しい指弾を受けよう」

過去の成果を習わなくてもすむ

第三に、物質系の学問は習っておかないと、実践活動をする際に困ります。しかし、人間系の学問は必ずしもそうではありません。改めて習わなくても、実践活動ができます。医学や工学などは習っておかないと、就職して患者を治療したり、機械を造り・修理するときにたちまち困ります。一方、大学の先生は、教育学を学ばなくても授業しているし、物質系の学問の卒業生は経済学の修得なしにセールス活動しています。

物質系の学問成果は、その分野の専門家から改めて学ばなければ修得できません。これに対して、人間系のそれは、たとえば資本や権利など成果が実生活に役立つものであれば、普段の会話で使っているので、改めて習わなくても対応できます。逆にいえば、人間系の学問では過去の成果を改めて学ばなければならない必然性が弱いので、実学と評価してもらえない厳しさとむずかしさを内包しているのです。

役立ったか否かの判定が困難

第四に、ある思想の支持者が、それを支えに社会活動を行い、成果が出ても、その思想のおかげかどうか判定するのがむずかしいことです。逆に成果が出ない場合も同様で、マルクス主義を信じていた人は、思想は問題ないけれど手段が悪かったとか、実践者の理解不足などと反論します。

それは、社会問題はさまざまな思想をもった人が関係し、それらが交響曲のようにうまくハーモニーが取れたとき、解決される性質をもっているからだと思います。一つの思想の手柄だとは必ずしも言えないのです。

変節した実学の意味

このように人間系の学問の成果は、物質系の学問に比べて、実学か否かを判定するのが大変むずかしいという性質を内包しています。たぶんそのせいでしょうが、いつのまにか実学の意味が変節し、実践活動に役立つか否かではなく、世俗的実益を獲得できるか否かで、線引きされるようになりました。そのほうが、役立っているかどうか判定しやすかったからだと思います。だが、反面で、社会をよくする実践活動に役立つ学問がますます創りにくくなるという矛盾を拡大しました。

たとえば『日本経済新聞』のある編集委員は、「学校は役に立つ知識や学問を教えてくれるところ」というのは「とんでもない誤解」であり、「人類が蓄積してきた知的財産を継承する場である」として、数学を例にとり、日常生活でまったく使わない三角関数の勉強は不要などという生徒には、論理的思考のエッセンスである数学の大切さを説けばよいのだ、と述べていました。(2) 計算能力と論理的思考能力のどちらも人類の知的財産で、さまざまな実践活動をする際に役立ちます。しかし、彼は、「銭を稼ぐためのノウハウ」になる計算能力の獲得は専門学校などに任せ、学校は「すぐには役立たない」が、それよりレベルが上の論理的思考能力の継承に重点をおけばよいと考えているのでしょう。

数学以外の英語などの外国語でも、このような見方は支配的です。多くの語学の先生は、世俗的実益を得やすい会話能力の習得を軽視し、外国の文化を理解するなどの教養を身につけることを重視して、外国語解釈より会話を習いたいという欲求に応えてきませんでした。

このような実学観は市民にも一般的で、ある三三歳の主婦は投書でこう語っています。

「大学自身も私たちも大学に『実学』を求めすぎると思う。よく『社会に出てから役立つことを教えろ』という意見を耳にするが、数千年もかけて培われてきた学問がなぜ日本では役立たなくなるのか、とも思う(3)」

世俗的実益が得られる学問を低く評価するようになったのは、なぜでしょうか。それは実務能力が抜群で世俗的実益を獲得した人のなかに、数学の体系の美しさや外国文化などあまりお金にならない知的財産に造詣が深くなく、倫理的には疑問がある人物が少なからずいたからだと思います。それで、識者は、計算・会話・技術・経営などという実務をする際に役立つ能力の獲得に重点をおくと、文化レベルが高まらないのではという不安をもち、実務能力を軽視したのです。

しかし、一方で「衣食足りて礼節を知る」という諺にあるとおり、私たちは、生活や仕事をする際に必須である実務能力を身につけ、〝食べていける〟見通しがついてから、〝礼節〟にも関心がいく矛盾した存在です。世俗的実益と文化や教養を対立的に捉え、実務能力の獲得に重点をおくと教養が身につかないと心配するのは杞憂だと思います。

実務能力と倫理観や教養が必ずしも比例的に成長しない現実は確かにありますが、それを克服し、文武両道に通じた人物を生み出すのが、人間系の学問の目標です。そうした人物が生まれにくい要因を、学問の外部ではなく、内部で探し、矛盾を超えられる道筋を示すのが、学問的課題だと思います。「言うは易く、行うは難し」で、容易には達成できぬ高き目標ですが、以下に述べるような反省から出発すれば、少しは道筋が見えてくるでしょう。

2　人間系の学問を実学にする道

実学本来の意味に戻す

第一に、実学か否かの線引き基準を、定義どおりの「実際に役立つか否か」に戻すことです。世俗的実益に直結する活動だけでなく、社会をよくしようとする活動にも、実際に役立つ学問が必要です。学生や市民は、世俗的利益に直接つながる実学だけを求めているわけではありません。環境問題などの話を聴き、精神的な満足が得られ、時間をトクした気分になる実学も求めているのです。

これまでのように、世俗的利益に直接つながるか否かで分けると、実務能力を悪用した人を生み出した責任は、教える側でなく教えられる側に転嫁できます。しかし、大学で一般教養の単位を取った人のなかにも悪用した人がけっこういるから、教えた教養科目が実際に役立たなかったともいえます。その責任を感じないと、学問内容を振り返る動機が生まれません。それなしには、内容が聴き手の関心事項とずれ、聴き手が時間のムダと批判しても、「無用の用」を説いたり、「猫に小判」などと聴き手の未熟さのせいにしがちになります。

空論とは、「実際とかけ離れた無益な議論」(広辞苑)ですから、話し手と聴き手の関係性に依存します。いくら話し手が実のある話と思っても、聴き手が「実際」とどの程度「かけ離れたか」で判定し、実がないと評価されると、空論になってしまうという、怖くて厳しい概念です。

未熟な学生のころ、漱石やトルストイの文学にしても、専門の講義にしても、私は深く理解できたわけではありません。しかし、わからないなりに面白いところもあり、少なくとも空論とは思わなかったので、さぼったことはあっても、聴く気になりました。

未熟な場合は、理解の程度が浅くなるだけですから、実学か否かを聴き手の未熟さの程度で判定するのは、正しくありません。聴き手の生活にどの程度役立ったかで、判定すべきです。もし、聴き手を「猫」と(低く)見るのなら、(猫にとって)「小判」になる「鰹節」を提供する必要があります。「腹の足しにもならぬ」金属片を与えていては、「猫」と人の見境がつかなくなる愚を犯している恐れもあるからです。

論理的思考能力も実務能力である

第二に、計算・会話能力も論理的思考能力も、ともに実務能力であると気づくことです。計算・会話能力がないと簡単な実務もこなせないので、これは容易に実学と理解できるでしょう。一方、五一ページで紹介した編集委員が評価する論理的思考能力も、より抽象度の高い実務遂行能力の一つです。実際、彼や多くの大学の先生は、論理的思考能力や表現能力の獲得に成功したがゆえに、知的レベルが高いと評価される職業についています。

八〇～九〇年代のコンピュータの著しい発達のおかげで、計算だけでなく、新幹線の切符を買うなどマニュアル化しやすい事務作業のスピードと正確性は向上しました。しかし、それは一方で、人間がもっていた計算能力や、マニュアル化しやすい論理的思考能力の陳腐化を意味します。そして、職場から人が消えていきました。

たとえば、私が所属する機械工学科の卒業生は、基礎的な設計能力（構造計算をする論理的思考能力・計算能力と、製図作成能力を含む）を学生時代に身につけます。就職してからは、現実の複雑な機械などを設計・製作する能力をアップさせ、〝食べていく〟ことができました。しかし、現在は、そうしたノウハウはすべてコンピュータに入れられてしまったので、同じ実務能力を身につけても役立ちません。これは、人間系の卒業生も同じです。ほとんどの事務作業がコンピュータ化された結果、マニュアル化しやすい論理的思考能力を身につけても、安定した職につけなくなりました。

このように、大学がこれまで提供できた実務遂行能力が陳腐化してしまったので、マニュアル化しにくい高度な論理的思考能力が重要になりました。それを獲得しないと一生安定して食べていけないという不安が現実化しています。

計算・会話能力は、抽象度の高い論理的思考能力を獲得するための、基礎的な知的道具です。したがって前者を習得したほうが、後者を獲得しやすくなります。たとえば、外国語会話が少しできるようになって、外国人とうまく話せれば、うれしくなって、ますます励み、外国文化の理解が深まる。こうした経験は現実に数多く見られるのですから、読解能力だけを重視する必要は必ずしもありません。

それゆえ、計算能力や会話能力だけを実学に含め、高度の論理的思考能力を実学に含めない学問観はおかしいと思います。具体的事例は第Ⅱ部で紹介しますが、現実に市民活動をする際でも、工学や法学・経済学などの専門用語をきちんと理解し、論理的に筋道を立てて語らないと、うまくいかない現場にたびたび出会います。

計算・会話という基礎能力を身につけながら、高度な知的能力を習得する方法をともに探すことが肝要です。一方通行の講義でなく、講義内容・その進め方をともに考え、工夫する過程で、それを双方が獲得できます。現実に新設の宮城大学では、「自己表現の三科目」として、①自分の考えの整理の仕方、②文章化の方法、③発表の仕方を学ぶ講義が目玉の一つになっているそうです。[4]

文武両道を兼ね備える

第三に、教養すなわち文武両道を兼ね備えることの重要性を説くのなら、当人がそう思われるかどうかにかかっていると気づくことです。ここでいう「武」とは、素朴な正義感・倫理観を貫いていると感じられる仕事の仕方、「文」とは、それをわかりやすく表現できる能力を指しています。

これらを身につけることは非常に困難です。たとえばバブル崩壊に至る過程で、心ある人は上司などに投資や融資を戒める箴言をしていました。しかし、たいてい聞き入れられず、言った人は挫折しています。大学内でも同様です。講義が学生に支持されていないことを大半の関係者は知っていますが、その実態を言おうとするとプレッシャーがかかるので控えます。まして、改革しようとすれば時間をとられ、本来の研究ができなくなることを恐れるので、多くの人は傍観するわけです。当然、市民・従業員・学生などが期待する方向に事態は動きません。

また、識者たちは高学歴で論理的思考能力に優れているため、国会や裁判などで、うまく言い繕う場合があります。すると、市民などから、「悪いことをしているのに口だけうまい人間」と批判され、識者に対する信頼感は失せるでしょう。それと同じ仲間だと思われる人が「武」だけでなく「文」の大切さを説いても、白々しく聞こえるだけです。

現実に、オウム事件などに物質系の大学院生が関与した際、倫理観の成長を伴わない「武」の学問の限界が指摘され、教養の大切さを説く識者が新聞などに登場しました。しかし、期待された一般教養科目はそれを提供できず、市民や学生の支持を得られないまま、ほとんどの大学で教養部は解体されてしまいました。

簡潔に要諦を表現できる諺や熟語、雑学などの知的財産（第Ⅱ部第2章で詳しく述べる）はすでに市民のものになり、日常生活に生かされています。現在の大学がそれ以上のものを生み出せなかったから、教養という言葉が虚しく聞こえるようになったのです。

しかし、英会話や物理学などの実学の講義を受けながらでも、息抜のひとときに、その発展に貢献した人の生き方をエピソードとして紹介されると、教養の大切さを実感できる場合があります。実務能力は獲得に時間を要しますが、教養の大切さは短時間で伝達可能なので、実学に力を入れると教養が身につきにくくなるというのは杞憂だと思います。

教員が講義で実務能力すら身につかない空論を提供していると、かなりの学生は、「人に迷惑をかけてはいけない」の「人」に教員を入れなくなるようです。奈良医大で、私語や遅刻・早退をする理由を学生に尋ねたところ、次のような答えが返ってきました。

「人に迷惑をかけてはいけないという理屈を正しいと思っているとしたら、その行為は先生に迷惑となる。君は、先生を人と思っていないのか。それとも、私語や遅刻・早退を迷惑行為と思っていないのか」

彼はハッとして、「人と思っていない先生が多い」と答えました。生き方を捨象した客観的な情報を受け取るだけならテレビやビデオでもよいし、内容に関心がないので、教室を出れば先生のことを思い出すことは「まあ、ない」からだそうです。そこで、大阪大学のあるクラスでアンケートをとると、半数の学生が、「人」にカウントしている教員は二〜三割と回答しました。

判定者を実在の市民や学生にする

そして、第四に、実学か否かの第一判定者を、社会一般の抽象化された人ではなく、目の前の市民や学生にすることです。

たとえば大学の独立行政法人化計画が実現すると、外部から研究を評価されます。反対する人は、次のように主張します。

「大学が行うべき基礎的研究は、いつ役立つかわからないから、素人の学生や市民、専門領域が違う人には評価できにくい。したがって、大学の外部評価は適当でない」

確かに、基礎研究は外部の人にとっては海のものか山のものかわかりづらい仮説ですから、実学になり得るか否かの判定は困難です。しかし、それは内部の人にも同様です。その困難さを乗り超えるため、内部で厳しい評価を重ねながら研究活動を続け、市民が実学と評価する成果を生み出してきたのであれば、外部評価が必要との声は高まらなかったでしょう。とはいえ、事態は逆になってしまったのだから、「困難性」を外部評価反対の論拠にするのは間違いで、外部の誰にどう評価してもらうかが課題になると思います。

文部省関係の権力に近い人が評価者の中心メンバーになると、反対派の心配する「学問の自由」が侵される恐れは増します。ただし、評価者の対象を社会一般と広くとっても、実際には、それらの人が論文を読むわけではありません。現実の判定者は、文部省関係者や仲間の研究者、あるいはマスコミなど、市民や学生よりも影響力の大きい人たちです。これまでも、彼らにお金の流れをコントロールされることで、実質的に成果が評価されてきました。

したがって、現行の成果評価システムでの「学問の自由」の守られ度や侵され度を明らかにし、独立法人化されるとどこがどのように悪化するのかを示すことが先決です。それなしに、一般的懸念を述べるだけでは、杞憂と評価されてもしかたありません。それで、法人化に対する反対の論拠は、私の心に響かなくなっています。そもそも、法人化されたところで民際学がやりにくくなるとは思えないから、私自身のホンネはどちらでもよいのです。

私は、文部省関係の人も含み、地域の市民や事業者、学生などが参加した評価システムを夢見て、自分の研究活動をそれらの人に評価してもらう試みを続けています。実学か否かを評価できる人は、受益者の市民や学生であると考えているからです。実在する学生や市民なら、まだ生まれたての基礎段階でも評価してくれるので、「いつ役立つかわからない基礎研究」にならずにすみます。

それに、識者などに高い評価を受けたところで、結果的に多くの人の心に響き、生き残り得た思想でなければ、「一時の花」に終わってしまいます。せめて、目の前の人に「高嶺の花」ぐらいの評価を受けることが先決でしょう。

彼らにとって、ある基礎研究を聴いた段階では、試してみなければ役立つかどうかわからない仮説です。でも、過去の生活体験から、少なくとも「花」か「ただの石」かをリアルタイムで判定してくれるので、仮説の近似度を上げる、またとないチャンスになります。少数であっても「高嶺の花」と評価してもらえれば、応援団が増えるし、仮にゴールまでは到達できなくても、途中で小さな成果が積み重ねられているか否かは、基礎的知識さえ共有できれば判定は可能です。

そして、時代が変わり、市民や学生に「つかみ取れる花」と評価されるようになると、「先見の明」があったことになります。学者同士で評価すると、基本概念の優劣など論理的側面だけが肥大化しがちです。一方、市民は対話技術や人となりなど総合的に「花」か「ただの石」か評価するので、「実」

をつけやすくなります。

禁煙マラソンで実証された成果

ここで、私が関心をもっている、市民を直接の判定者にした社会実験を紹介しましょう。奈良県にある大和高田市立病院の高橋裕子先生が、「禁煙マラソン」を提起して話題になりました。[5] 喫煙は体によくないとわかっていても、なかなかやめられないものです。医者もいろいろ試みましたが、目立った成果を上げていませんでした。彼女は、患者とともに治す方法を模索し、自分と数カ月間つきあいながら挑戦する、禁煙マラソンを呼びかけたのです。

私は、従来のような完成した段階で患者さんに提供する科学的手法ではなく、患者とともに歩みながら治療するという手法に興味があったので、奈良医大の学生にフィールドワークするよう勧めました。何人かの学生が実行しましたが、高橋先生も忙しいので時間を取ってくれません。そこで、禁煙を希望する一人の学生が模擬患者になることにしました。

薬を使う万人向けの科学的療法ではないので、学生は当初、懐疑的でした。しかし、高橋先生の基本姿勢は、喫煙は体に悪いという「脅し」ではなく、ともに治すことです。千差万別の患者さんに適した方法を探すことを楽しみ、成果を上げていました。こうして学生は、「体に悪いから止めましょう」という「お説教」の限界と、無個性化した体の仕組みの解明を目的にする科学的療法の限界を知ります。そして、個性的で、変化する人間が直面する問題解決法の核心は、次の三点にあることに気づきました。

① 当事者（患者）と、よい関係性を築く。

② 無個性な細胞に適した万人向きの一般的治療法ではなく、それぞれの人に適した手法をともに探す。

③ ローカルな（個別的）成果であっても、似た状況の人には適用できるから、その人たちにとっては普遍化された治療法になる。

現段階では、この手法が「一時の花」に終わるかどうか、わかりません。しかし、第一判定者が患者であるかぎり、現実に役立つ実学との評価を得られるでしょう。実際、禁煙したかった学生は、呼気中の一酸化炭素濃度のデータなどから軽症と判定され、吸いたくなったら一分間我慢してみる実験を続けるようアドバイスされました。それを実行したら、禁煙できたのです。当時の成功率は六割程度でしたが、最近は九割を超えたようです(6)。

人間系の学問は、物質系の学問と違い、容易に多数の人に役立ったという実感をもたらす実学になりにくい、厳しさとむずかしさを内包しています。しかし、目の前の人を第一判定者にするかぎり、少数ではあるが聴いてもらえた市民や学生に、金銭に換算できにくい実益をもたらす、まさに定義どおりの実学になる手がかりを得られるのです。中村尚司さんが民際学の第一目標を関係性の創造にしたのは、たぶんここにあると思います。

（1）奥村洋彦「教育含め旧弊打破の時」『日本経済新聞』二〇〇〇年二月二八日。
（2）『日本経済新聞』一九九九年二月六日。
（3）『日本経済新聞』一九九九年五月一七日。
（4）『日本経済新聞』一九九九年五月二四日。
（5）『朝日新聞』一九九八年五月一〇日。
（6）『日本経済新聞（夕刊）』二〇〇〇年四月六日。

第4章　「学」び、「問」い、「対話」する

1　勘や経験より理論が大切だろうか？

言葉の意味を考え直す

この章では、既存の多くの人間系の学問が実学になりきれなかった要因を探していきたいと思います。手がかりは、言葉の意味を考え直すことです。学び、問う際、言葉を手がかりにします。ところが、専門用語は言うに及ばず、日常よく使う言葉でも、その意味を十分理解していないで使っている場合が多いからです。すると、相手にはむずかしく聞こえがちになるので、よく理解されません。話し合っても感情的になり、対話が成り立ちにくくなります。

たとえば、「概念」という言葉の「概」は「おおよそ」という意味ですから、同じ言葉を使っていても、互いのイメージする範囲が違い、ズレるのが普通です。言葉の意味をよく理解していないと、

ズレが増幅されます。どこが、どのように、ズレているか、ますます探しにくくなるからでしょう。

まず、「学者」と「学問」から問い直します。「学者」とは「学」ぶ「者」で、「学問」とは「学」び、「問」う行為です。それらは、市民がふだんの生活で行っていて、学者だけの行為ではありません。にもかかわらず、いつの間にかそうなってしまい、市民も疑問をもたなくなりました。

それは、学問の要件が、①普遍性と②記述性にあると考える人が多くなったためです。その結果、体系だてられた長い理論の創り方を「学」び、「問」う行為をする人を「学者」と呼び、その成果を教えることを教育、学ぶことを勉強と考えるようになってしまいました。実際、京都大学の学長が新入生に「学問は体系化された知識であり、その知識にもとづいて物事を体系的に正しく考察する能力を身につけることであります」と語っています[1]。

勘や経験と理論は、対立してはいない

そして、社会問題がうまく解決できないのは、市民が理論を指針にせず、勘や経験に頼っているからであるとして、理論を創る研究組織や学会ができました。そのような事例を二つ紹介しましょう。

①ボランティア学会

市民の主体的な活動が大切という認識が広がり、ボランティア活動が増え、学者も関心をもつようになり、ボランティア学会が結成されました。研究者だけでなく、市民の参加を指向している点はうれしいのですが、ある学者はこう言っています[2]。

「こうした壁（財政面など三つ：著者注）の存在は、これまでのボランティアが各自の経験や勘だけを頼りにしてきたことにも一因があるのではないでしょうか。学会では個別の活動の経験に基づく様々な情報を持ち寄り、理論化を試みます。ボランテイアを科学として体系化することで、壁を乗り越える手段を模索するのが狙いです」

②痴呆介護研究施設

厚生省が全国に三カ所、造ろうとしています。「痴ほう介護については、学術的な理論体系が十分に確立されておらず、現在は手探りで行われているのが実状」である。たとえば、軽い痴呆は家族よりグループホームで生活するほうが進行が遅い。その理由は、自分の役割を与えられるところにあるらしいことはわかっているが、「これは経験的に言われていることで、理論的な裏付けはない」そうです。(3)

どちらも、科学的に体系化した理論がないから壁を乗り越えられなかったと考え、経験と勘より体系化した理論を重視していることがわかります。しかし、ボランティア活動にしろ、介護活動にしろ、勘と経験だけを頼りにしてきたわけではありません。それなりの理論にもとづいて実践してきたと思うし、勘や経験も過去の理論にもとづく実践活動の成果です。それゆえ、これらを対立的に捉え、理論を勘や経験より大切と思うのは、どこか、おかしい！

そこで、ここでは、どこがおかしいかを「理論」「だけ」「や」という三つの言葉を手がかりに探していきたいと思います。

理論より理屈が役立つ

まず、「理論」を手がかりに、本当に体系的な理論が未完成であるがゆえに実践活動がうまくいかないのか調べましょう。

物理や生物の基礎がわかっていない学生が多い要因は、中学・高校における理系の授業時間数の減少と入試科目数の削減にあるとして、補習授業を行う大学が増えてきました。そこまでする大学はよくやっていると思いますが、イヤな科目は暗記で乗り切り、試験がすむとすぐ忘れる学生が多いことから考えると、学生の負担が増える割に効果がどうか？という疑問をもちます。記憶に残る情報の数は、かけた時間に比例するとは言えないからです。

長い体系だった理論を学んでも大半は記憶から消え、残っているのはキーワードだけという経験を、多くの人がしています。講義などで理路整然と語っても、大半は聞き流され、印象に残るキーワードがあるかどうかで、役立ったかどうか判定されるのです。一般論を語っても、「あっ、そう」で終わるから、エピソードを入れたほうが印象に残りやすいと言われます。つまり、記憶に残る情報は、かけた時間ではなく、学生の実生活との関連性の深さにあるわけです。私はだいぶ前にそれに気づいたので、専門の講義でも実生活との関連が深いキーワードを探して説明しています。短時間で効果のあった二例をあげてみましょう。

①　環境問題の講義で、温暖化により氷が溶け、深層海流の速度が影響される物理的理由を尋ねたが、即座に答えられない理系の学生がかなりいた。そのとき、こんな基礎的知識すら理解してい

ない！と捉えるのは皮相的である。学生によると、「物理学の講義なら、水の比重は四度で最大と即座に出てくるものの、バージョンが違う一般教養だから……」と言う。一般に池の底や川の淵などに潜ると、表層より「冷たい！」と感じる。その経験がない学生だったので、試してみるように勧めた。

② 専門の材料力学の講義で、縦軸は応力（かかる力を断面積で割ったもの）、横軸は歪み、その勾配はヤング率という基礎知識を最初に習う。しかし、既習後の学生実験で最初に復習すると、即答率はここ二〇年ほど久しく三割程度で、最近は低下傾向にある。この科目さえ、試験がすむと忘れる暗記科目になっている。そこで、勾配のきつい渓流を遡るのは若鮎それとも落ち鮎と、ヤングを連想させると、即答率が少し上がった。

これらに気づくと、理数科の授業時間数を増やさなくても、重要な知識の継承はできることがわかります。

また、分厚い全集よりも、短い簡潔な諺や熟語あるいは雑学を「座右の銘」にしている市民のほうが圧倒的多数派でしょう。

こうした事実から、記憶に残り、生活や仕事で指針にしているのは、長い体系だてられた理論でなく、短い諺などであることがわかります。現実を簡潔に抽象した諺や熟語・雑学などは、理論とは呼ばれず、理屈と呼ばれます。理屈は、「理の行き着いたもの、物事のすじみち、ことわけ、道理」という意味で、「屈」は洞窟の屈、考えを詰めに詰めてできあがったものだそうで、うまい命名です。

一方、理論は、「個々の事実や認識を統一的に説明することのできる普遍性をもつ体系的知識」だそうですから、多くの理屈を組み合わせて創られたものです。理屈が物事のすじみちで、それがキーワードとして簡潔に整理されているのなら、理論より重宝されるのは当然だし、実際に使ったり聞いてみると、理論より理屈が役立っていることがよくわかります。

使う立場に立った場合、必要になってから長い理論のどこが重要か探していると、状況が変わり、間に合いません。素早い判断が要求されるときには、理論のなかの数多くの理屈から、自分にとってキーワードになる言葉を深く刻みつけておき、指針にしたほうがよいという経験を、先祖は何度も重ねてきたのだと思います。だから、キーワードが諺などとして長生きしているのでしょう。後世の者は、それを「座右の銘」として記憶しておくと、似た場面に立たされたときに役立ちます。

聴く立場に立った場合に大半が聞き流すのは、理論で使用された多くの理屈のうち、大半は既知で、ありがたみがないからです。既知ではあっても、気づいていなかった新しい解釈や未知の理屈が、印象に残るキーワードになるのでしょう。したがって、実践活動には、理論でなく、理屈が必須条件なのです。

理屈と経験は分離できず、表裏一体

続いて、「だけ」を手がかりに、勘と経験は理屈と分離でき、対置できる関係になっているのか調べましょう。最初は、理屈と経験の関係です。

長く通用する理屈は、先人の貴重な経験が詰まった経験の賜です。それゆえ、五一ページで紹介した編集委員が言うような、（長い）数学（の理論）が「論理的思考のエッセンス」というのは正しくなく、諺・熟語・雑学が、それなのです。「人間万事塞翁が馬」「矛盾」「切磋琢磨」「そこに山があるから登る」などは豊富な経験で裏打ちされていますから、長く通用しています。つまり、理屈と経験は表裏一体で分離などできないことがわかります。したがって、「経験だけではダメ」とは言えません。

勘は理屈の機能を高める触媒

次に、理屈と勘の関係を調べます。

理を詰めた熟語であっても、残念ながら物質系の理屈のようには詰め切れず、互いに矛盾するものが多かったり、矛盾を含んでいます。たとえば「虎穴に入らずんば、虎子を得ず」と「君子危うきに近寄らず」という諺や、「銀行は晴れの日に傘を貸し、雨の日に取り上げる」という雑学などです。それらを覚えて、直面する問題に活かそうとしても、どれをどの場面で適用するかをじっと考え、迷っていると、状況に対応できません。現実に直面した場合、どの理屈を使えばよいかは理屈で詰め切れないからです。迷っているわけにはいかないので、先人は瞬間的に状況判断できる能力を養ってきたのでしょう。

このような能力を表す言葉は、勘以外に、直感・直観・パターン認識などです。「直」は判断の素早さ、「感」は心の動き、「観」は心と頭の動きを総合した見方、「パターン」は絵や音楽などの形態

・状態を表します。勘は、直観的に、文字化しにくい心の動きの変化パターンの違いを読む、高度な能力です。おそらく、理屈を司る左脳より先に発達した右脳の働きだと思います。

また、「理」ではなく喜怒哀楽の「情」に注目すると、理が違っても、情が似ている場合がけっこうあります。それで、勘のよい人は、ちょっとしたしぐさ・言葉のニュアンス・臭いなどの変化から、瞬間的に、情（ホンネ）の変化を読めるのでしょう。また、理の変化より情の変化が先行するので、熟慮断行すべきことはわかっていても先走り、「理屈は後で考え」ざるを得なくなるのだと思います。

素早い判断を求められる場合だけではありません。たとえば、憧れていた物理学、便利な都会、西洋由来の人権思想などに対する魅力が、確固とした理屈もなく、気づかぬうちに失せていくなど、人の心の移ろいを司っているのは、勘を養う右脳でしょう。一場面、一場面を静止画像のように止めてみると、現在は活発さが失せた（という感覚判断）パターンだと思うからです。

それは、西洋医学と漢方を比較するとよくわかります。西洋医学を学ぶと、病気か否かは理屈で白黒つけられると思いがちです。しかし、漢方を学ぶと、そうでない現実があり、それにもうまく対応するため、直観力を養い、パターン化して残してくれていることがわかります。新聞記者を辞めて医者になり、漢方を学んで開業した男性が、科学化された西洋医学と、そうならなかった東洋医学の違いを、わかりやすく述べていました(4)。

東洋医学の長所は「一人の人間の心身の全体を丸ごと認識しようとする」手法で、「目のかすみ、手足のしびれ、頻尿、腰痛……。西洋医学的には互いに無関係のこれらの症状を、漢方では一つの異常として認識し、一つの薬で治療しようとする」。そのため、普通の病院で「『心配ない』『何ともない』『気のせい』だから、『気にしなくていい』『もう来なくていい』」と言われた患者さんが多く訪れるそうです。科学が発達していない時代なら、表情・聴診器による音の違いなどを勘案しながら診たてていたのに、理屈で構成されたデータ頼りになった限界が出ているのでしょう。

街の鍼灸医も、「経絡《けいらく》」という実在が証明されていない概念を頼りに「つぼ」と病気の関連をパターン化し、治療に役立ててきました。

そのほか、スポーツ、将棋・囲碁などのゲーム、星座や血液型で性格を見分ける、子育て中に赤ちゃんの泣き声のパターンを聞き分けるなど、パターンを瞬時に見分ける能力が生活に活かされている例は多いのです。これらの例から、以下のように言えるでしょう。

「勘とは、理屈で詰め切れぬ現実に対応するため、理屈と理屈、理屈内に潜まざるを得ないさまざまな矛盾を瞬間的に先送り（棚上げ）したり、すり抜けたり、糊塗する複雑な機能をもち、理屈の働きを強化する触媒的役割を果たす、高度な理屈を超えた知的能力である」

勘と理屈を分離することは、右脳と左脳の働きが関連していないと言っていることになり、自然の摂理に反している気がします。したがって、「勘だけではダメ」とも言えないと思います。

経験が乏しい理屈や勘ではダメ

最後に、「や」という言葉を手がかりに、勘と経験を並列に並べ、理屈と対置することが妥当かどうかを調べましょう。

私たちはさまざまな矛盾に直面したとき、過去に学んだ座右の銘や勘を頼りに現場に適した方法を探し、うまくいくと、その方法や背後にある理屈が正しいと確認します。逆にうまくいかない場合、新たな考えや方法を模索します。このような経験を重ねながら、勘は磨かれ、理屈は鍛えられていくわけです。経験は、理屈がどの程度現実を反映しているかの判定役と、理屈を鍛える役を担い、勘の磨き役になっています。

したがって、並列に並べるべきは理屈と勘です。この二つが経験と対等（もしくは勘が上位）につながっています。「勘と経験だけではダメ」なのではなく、「経験が乏しい理屈や勘ではダメ」が正解なのです。

矛盾とうまくつきあえる途を探す民際学

勘の大切さには以前から気づいていました。しかし、理屈は「理屈ばかり言う」「理屈だけではダメ」など悪いイメージで使われています。それで、現実には理論より理屈が役立っていることに、気づいていませんでした。それは、「矛盾が残る理屈は悪い」と単純に思い込んでいたからです。

しかし、矛盾のない理路整然とした体系的な理論を創ったからといって、心に内包せざるを得ないさまざまな矛盾はなくなりません。先人は、矛盾した理屈はそのまま残し、代わりに勘を養い、矛盾と上手につきあえる術を残してくれていたのです。したがって、「矛盾があることは悪いこと」と思う必要はありません。

こうした事例は日常的に経験できます。少し軽い矛盾と、深刻な矛盾をあげてみます。たとえば、初めての道を尋ねたり待合せのとき、「理」を「詰」めて行動したつもりでも詰め切れず、現実とのズレが生じ、うまくいかないという経験は、多くの人がしているでしょう。それは、時間は容易に詰まるけれど、場所のイメージが詰まりにくいからです。この矛盾は二人の関係性次第でどちらにも振れ、勘が働くと振れは小さくなります。

また、「雨の日に傘を貸してくれる」はずが「取り上げられる」という現実がよく起こるので、金貸しを悪く言いたくなります。しかし、それは、前者のあってほしい現実を、あるべき現実と錯覚する自分にも、問題があります。「道理」や「すじみち」というと、あるべき道を思い浮かべがちです。実際には、貸してもらえない現実を見て、「道理で！」と言ったり、「すじみちを立てて話して」と言うことからわかるように、理屈はあるべき道を示すだけではありません。起こり得る現実の姿を表す言葉でもあるのです。

「雨の日に傘を貸してくれる」という道理も、「借りたものは返す」という道理も、「あるべき道」ですが、後者のほうが優先されます。すると、「雨の日に取り上げられる」現実のほうが、「貸してくれる」現実より多くなるのは道理です。それで、先人はこの雑学を「座右の銘」にし、期待する現実は非常に希で生じにくいから心するようにと、教えてくれています。

一方で、「貸してくれる」現実も少ないながら存在し、そのおかげで生き延びられた例もまたあります。それを期待しがちになるのも、無理はありません。

数少ない現実を生み出せるか否かは、二人の関係性次第です。経験を積み、理屈の適用の仕方がうまくなり、勘が磨かれてくると、その可能性は高まると、先人は教えてくれています。

既存の人間系の学問は、こうした希な例が普通になるようにするために、二人の関係性の改善ではなく、「自然現象や社会現象の根底に潜む法則」を見つけ、矛盾を含まない理路整然とした物質系の理論と同質のものを創らねばならないと考えました。その影響を私も受けていたから、矛盾は悪と単純に思い、理屈より理論を重視していたのです。しかし、学問をするということは、理論を学ぶよりも、現実を反映した理屈を学び、どの場面で、どの理屈を適用したらよいかという勘を互いに養い合い、成功体験を増やすことだと気づきました。そのとき、民際学が生まれたのです。

2　体系化の仕方に基本的問題がある

体系化自体には意味がある

教科書などから体系だてて整理された理論を学ぶと、新聞などから雑学を学ぶ場合より論点を整理しやすくなるため、試行錯誤する回数が減り、能率的になります。だから、理論化をめざすことは決して愚かな行為ではなく、大切な行為です。たとえば、駐車違反の車に腹を立てて、タイヤの空気を

図1　体系的知識のイメージ

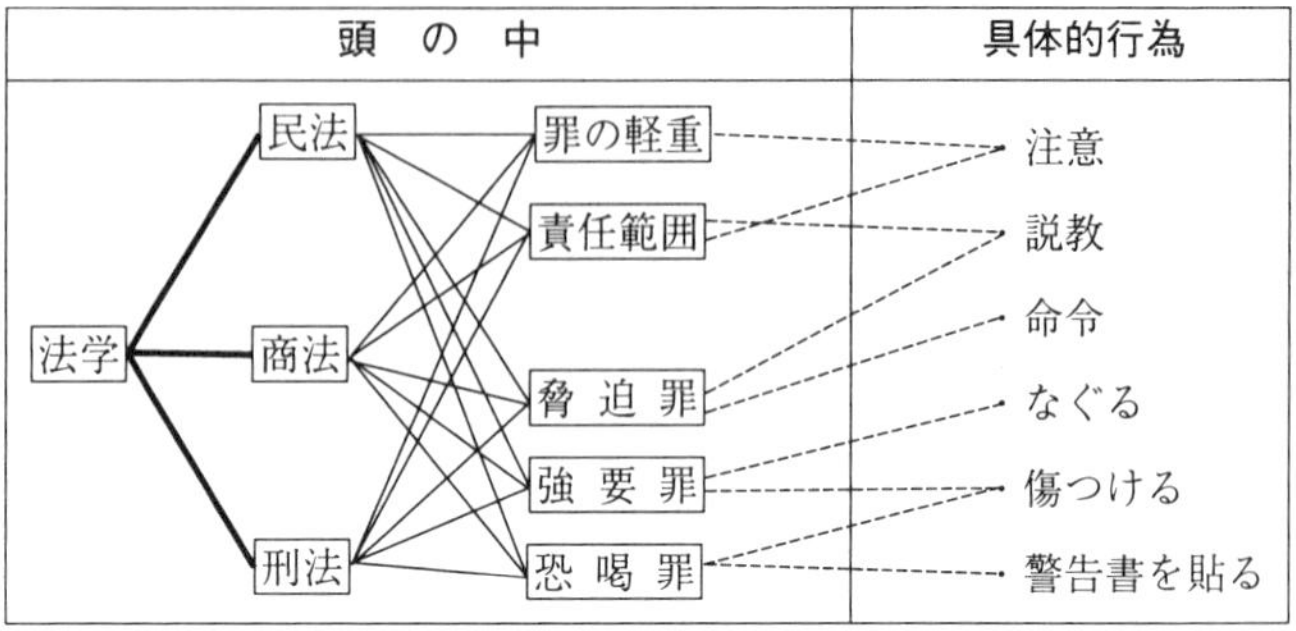

抜くと違法になるということは、新聞記事からでも学べるでしょう。しかし、警察からもらった警告書を糊でフロントガラスに貼りつけると違法になるかどうかは、法律書をよく読んでいないとわかりません。

ただし、目次を見るとわかるように、教科書などは類型に分けているだけです。こんな細かい違いまで書いていないので、直ちに違法か否かわかるわけではありません。基本的な考えから、現場で出会う具体的な出来事まで体系化した知識のうち、幹や太い枝までしか書いていないからです（図1の実線までで、点線とのつながりはわからない）。

現場で出会うのは、警告書をはさむか貼るかという類の細い枝（点線）なので、それがどの太い枝を通じて幹につながるかを知るには、そこまで整理されたマニュアルを見る必要があります。コンピュータの使い方の本などは、点線までかみ砕いてくれているから、素人でも理解できるわけです。マニュアルをつくる人は、どのファイルのどのメニューという大・中の枝から一文字・一数値という細い枝まで徹底的に理屈を詰め、正確度一〇〇％で、時系列に並べてくれています。

こうしてくれると使うほうは便利ですが、つくるほうは本当に大変で、ミスが見つかるたびに試行錯誤を繰り返す、長時間の作業です。ミスのたびに自分の生活や仕事での具体的場面を想起し、過去の記憶を思い出し、確かめる結果、図の点線が実線に変わり、どの太い枝につながるか明確に区別できるようになります。したがって、マニュアルづくりは、自分の知識を正確に体系化する際に必須の作業です。

たとえば、空気を抜く行為も糊で警告書を貼る行為も器物損壊罪（という太い枝）につながっているらしいことは、教科書を読むとわかります。しかし、貼っているところを持ち主に見つかり、口喧嘩になり、はずみで車に傷が付いた場合、（第Ⅱ部第１章で詳しく述べますが）この口喧嘩が脅迫罪・強要罪・恐喝罪という太い三本の枝のどれに当たるか、また双方の責任範囲という別の太い枝とどうつながるかは、教科書を読んだだけではわかりません。現場に詳しい人が書いたマニュアルが必要になります。

経験があって初めてマニュアル化できる

このように正確で体系的なマニュアルをつくれるようになるには、現場での豊富な経験が必須です。ところが、大学の入学試験をはじめ、医師の国家試験も司法試験・公認会計士試験も、こうした経験を経ていない若者に、マニュアルづくりを強制しています。与えられる問題は、実際に生じたお金の貸し借りやケガなどがどの罪に該当し、量刑はどの程度かなどで、細い枝がどの太い枝や幹につながるかを、制限時間内に膨大な理論体系のなかから正確に回答することが求められているのです。当然、試行錯誤する余裕がないので、あらかじめマニュアル化しておかないと対応できません。

ところが、大学教育では類型化するだけで、この厳しい理屈の詰めをしてくれないので、志望者は予備校に依存せざるを得ないのです。予備校でも、ともに仮想体験をすると時間がかかり、少数のマニュアルしかつくれず、当たりはずれが多くなります。そこで、既成のマニュアルを提供し、志望者は多くのパターンを覚えることに専念せざるを得ません。どのマニュアルをどのパターンに適用したらよいかという応用力は身につかないのです。その結果、合格後の司法研修で「どの本を読めば事件の事実認定ができるようになりますか」と、教官に尋ねる数多くの修習生を生み出したり、試験がすむと記憶がリセットされてゼロに戻り、思い出せないという問題が生じています。

これは、知識の正確度を最重点にするテストのあり方が生み出した矛盾です。にもかかわらず、大学関係者は、「司法試験対策至上主義」に陥り、マニュアル思考しかできない学生を育てる予備校のせいにして、法学部を「創造的な思考や批判精神を養う」ことを理念にするロースクールにモデルチェンジしようとしています。しかし、現在の大学の講義は、その理念を形にできる手法を見つけられず、応用が利く以前の、マニュアルをつくる厳しい理屈の詰めを行える学生すら生み出していません。知識の量とその正確さを問う試験を変えないままのロースクール化は、看板の書き換えにすぎない結果になりそうです。

大学関係者や法曹関係者・官僚などは、長い間このような体系化の思考訓練を受けてきました。そのため、細い枝と太い枝のつながりが短時間で見え、応用が利くようになります。それで、学生なども「一を聞いて（瞬時に）十を知る」ことができるはずと錯覚するのでしょう。

理想的人間をイメージする誤り

これが錯覚だと気づかない要因は、「勘と経験だけではダメ」という誤った固定観念に囚われているからだと思います。「経験が乏しい勘や理屈ではダメ」を指針にすると、理論の有効性は豊富な実体験により検証されることがわかります。しかし、前者では、瞬時に理論の正しさが理解できる人間をイメージするため、経験は重視されません。

それに、「理」と「情」の動きには時間のズレがともないます。「瞬時に理解できるはず」と言われると、叱られていると思い、「頭でわかっても、心が…」となりがちで、両者の関係性は悪くはなってもよくはなりません。第1章で紹介した平川さんと二人の良心派の学者の関係がまさにそうで、東京の学者は住民の〝裏切り〟に遭った経験をもつから協力してくれなかったのでした。

サリドマイド事件でも、運動が一段落したとき、支援したある弁護士が、「被害者は自分たちの薬害問題だけでなく、他の薬害問題にもかかわるべきなのに、そうしない」と怒っていましたが、同じ発想です。彼らのイメージする住民は、運動の途中で、いわゆる見返り条件で妥協しません。最後まで初志を貫いたり、個別の問題だけにとどまらず、薬害が起こらない社会を創るべく、行動する理想的住民です。ところが、現実の住民はそうしなかったから、「裏切られた」と思ったり、怒ったりするのです。

3 日常生活に浸透している理性モデルと平均モデル

過度な理想化をする理性モデル

学者は、理論を創りやすくするため、混沌とした社会や人間のなかから共通の性質をもつものを探し出し（抽象すると言います）、社会や住民をモデル化して、単純化します。怒った学者や弁護士は、現実の住民を「正しい」理論に従って動く理想的住民にモデル化しているのです。ここでは、これを「理性モデル」と言い、そのような人ばかりで構成される社会を理想社会と言います。

理性モデルは私たちの日常生活に浸透しており、民際学が見え始めるまでは、私も、この学者や弁護士と同じ目で住民を見ていました。たとえば市民講座で環境問題やごみ問題を語るとき、まず、環境が悪化していることをさまざまな客観データで論証します。そして、結論として、①合成洗剤や塩ビ製のラップなど環境を悪化させる製品の使用を止めよう、②環境を悪化させざるを得ない社会を改革しよう、と提言していました。

ところが、環境問題に関心をもつ人でさえ、そうした呼びかけになかなか応えてくれません。それらを使い続けるし、社会改革に取り組むのではなく、「浄水器はどれがよいか」などという対症療法に関心がいきます。「意識が低い！」「環境問題の深刻さがわかっていない！」「対症療法ではダメなのだ！」などと怒ったり、嘆いたり、自分の無力さを感じていたものです。

日常生活を振り返ると、この理性モデルが浸透しているのが実感できます。印象深かった事例を少しあげてみましょう。

① ある臓器移植に関心の深い医学者は、「日本人は死から目をそらしすぎであるから、ドナー（提供者）が少ない」と市民を批判していました。理性的市民なら死を直視して、移植の意義を理解するはずなのに、目をそらしているというのです。ただ、理性モデルから少しでもはずれたらダメというのでなく、許容幅を設けているので、「しすぎ」と批判しています。

② とくに日本で多いのは、「甘えすぎ」という批判です。理性的市民なら適度に甘えられるはずなのに、許容幅を超えているから、事態がうまくいかないというわけです。

③ 「男の子だから泣いてはダメ」「純粋な子どもが残虐な事件を起こすなんて信じられない」「うちのおじいちゃんは痴呆症になって」などの発言の背景にある人間像は、理性的な子どもや老人です。だから、それからズレてはダメと諭したり、ズレを嘆いたり、原因をしつけ不足や甘やかしすぎに求めるのです。

④ ある学生は、「人間は偽善者だ！　環境を汚す生活をしながら、汚さないでおこうと言われても信用できず、その気にならない」と言いました。

⑤　学者に対しては良心的学者像、医者に対しては〝赤ひげ〟をイメージして期待し、うまくいかないと〝御用学者〟などというレッテルを貼ります。

現実に近い平均モデル

もう一つは「平均モデル」です。たとえば役所へ交渉に行ったが、うまくいかなかったとき、理性モデルからのズレを怒る声とともに、「親方日の丸の平均的公務員」に出会ったという嘆きもよく聞かれます。このような、「日本人は云々」「最近の若者は云々」などと集団のなかの平均的な人間像を「平均モデル」と呼び、こうした人びとで構成される社会が平均社会です。

このモデルは、理性モデルとは違い、長所も短所もほどほどにもった人間ですから、かなり現実に近くなります。たとえば、新人類という若者の平均モデルは、おとなの言うことを聞いてくれない若者像を説明するという新鮮な切り口だったので、一時流行しました。

4　理性モデルの問題点

ワルモノのイメージが一人歩きしやすい

多くの人びとはホンネでは、自分は理性モデルからはほど遠く、平均モデルに近いことはよく知っています。それを自覚し、平均モデルから脱却するため、理性モデルを自分の到達目標にして、自分の行動を律するために使用するだけなら、よいのです。ところが、二つのモデルは、自分を過大評価したい人間の本性に適したモデルでもあるため、廃れることなく、他人を評するためにも使用されてきました。

仕事帰りの「一杯」や井戸端会議を思い出すと、二つのモデルは「うわさ話」に最適であることが実感されます。こうしたときはたいてい自分を理性モデルに擬し、相手のそれからのズレ具合や平均モデルぶりを「酒の肴」にし、憂さを晴らします。そのほうが理性モデル化した自分とのズレが大きくなり、自分が大きくなったかの錯覚に酔いやすいからです。

互いに自分を理性モデルに擬して話しても、会社内や昔の地域社会のように顔見知りが多い場合は、よく言う人と悪く言う人のバランスがうまく取れ、実態にかなり近い平均モデルに収斂していきます。この状態を概念的に示したのが次ページの図2で、正規分布といい、大学入試の偏差値を求めるときなどに使われます（偏差値とは、平均点を五〇点と仮定したときの獲得点数。また、横軸は実務能力などの一つの評価軸、縦軸は人数）。平均モデルに近い人が約六割、その外側はそれぞれ二割になるという経験則が成立してきました。

ところが、現在は、地域や職場、地域内での人と人の関係性が希薄です。その結果、内部の分布状態は変わっていなくても、何もないときは理性モデルに近い人が多くいる理想集団（図2の右）のように捉え、過大な期待をかけます。一方、非日常的な出来事が起こると、一転して悪い人や劣った人

図２　理性モデルによる集団のイメージ

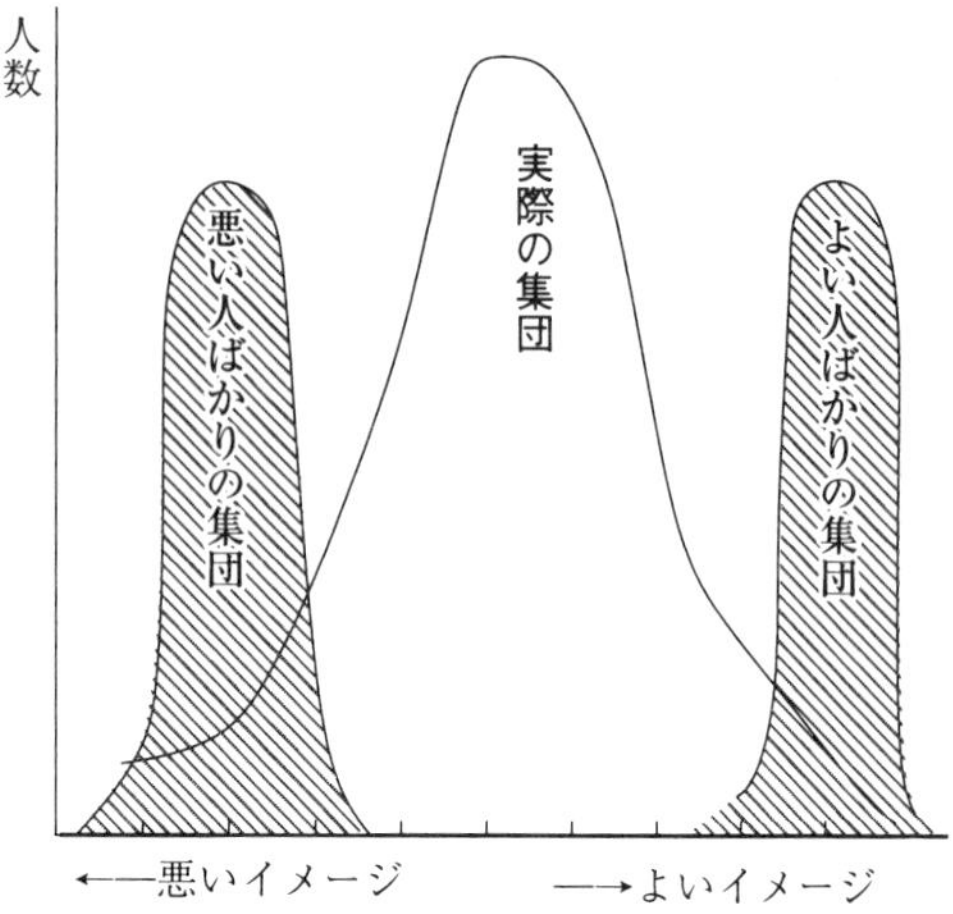

が多い集団（図2の左）のように捉えがちになるという矛盾が拡大します。最近の警察の不祥事やいじめ問題などが、そのわかりやすい事例です。大半の人はほどほどの平均モデルに近い状態だけれど、ごく少数の人が非日常的な状態になると、全体が右の分布から左の分布へ急にシフトしたかのように見えます。

それに拍車をかけるのがマスコミです。理性モデルを描く彼らは、自分のイメージどおりの発言を促したり、イメージにそぐわない発言を軽視しがちなので、悪いほうやよいほうへのシフトがより大きくなります。これらの記事を見て、「記者は嘘を書いている！」と怒る市民は多いけれど、正確性は記事の基本だから、ほとんどの場合は嘘ではありません。多くの事実からイメージに合うそれを選択・強調し、合わぬモノは軽視するという、誰でも陥りがちなことをしているだけでしょう。

このように、関係性が希薄化した社会で、理性モデルで他人を評価する習慣を続けていると、修正する人が少なくなるので、悪いイメージが一人歩きしがちです。それにともなって、関係性は「希薄」から、「悪化」に変化します。したがって、他人を評価する際は、理性モデルを使用しないほうがよいのですが、習慣になっていて、脱却は容易ではありません。
そこで、理性モデルのどこに問題が潜んでいるのかを次に考えたいと思います。

無い物ねだりをしている

まず第一に、理性モデルどおり行動する人間はごく少ないことです。しかも、どうしても自分に好都合なモデルをつくり、相手を見るので、期待どおり行動してくれる人はますます少なくなり、「無い物ねだり」する結果になります。

はたして、自分は理性モデルどおり行動できているのでしょうか？　そう行動しようとした場合、「正しいことを言いにくく、かつ貫きがたい」現実にぶつかります。先生・上司にはもちろん、近所の人に「犬の糞をかたづけて」というごく当たり前のことさえ言いにくいものです。理屈上は一言ですむような簡単に見える問題さえ、現実には解決は容易ではありません。

より大きな利害が絡む問題では、もっとむずかしくなります。たとえば、薬害エイズ事件で、帝京大学の木下忠俊教授が、安部英元副学長に非加熱製剤を止めることを進言するか否かで迷い、より安全な「クリオを使ってはどうでしょうか」と一言勧めたものの、「クリオは使いにくい」と言われ、黙ってしまったと裁判で証言していました(5)。これは、木下教授だけでなく、上下関係のある組織内で理性モデルどおりに振る舞える人はごく少ないことを示しています。

批判された側も同様です。多くの場合、理性モデルからのズレを指摘されても、その程度は自分のほうが小さいと思い、モデルどおりに行動しません。

あるごみ焼却工場建設計画をめぐって行政と住民が話し合ったとき、行政側が住民側の主張の問題点を指摘しました。

「たばこの煙やストーブの窒素酸化物のほうが、焼却工場の排ガスより危険性が高い」

この主張に誤りはありません。理性的な住民ならわかってくれるはずです。ところが、事態は逆になり、「問題をすり替えている！」と、住民側の怒りを誘発してしまいました。住民側は、「理性的な行政マンなら、言うべき場所と時を心得、問題のすり替えなどしないはずだ。そのズレのほうが、住民側の危険性の認識の誤りより大きい」と感じ、行政側の期待どおりに行動しなかったのです。

理性モデルどおりに行動しようとすると、このように現実の大きな壁にぶつかり、時間をとられ、責任を果たせなくなる不安が大きくなります。それで、ズレを小さくする試みを棚上げする人が増えるのです。ごく少数の人しか行動できないモデルに依拠して、相手と対応しても、そのような人に出会う機会はごく少ないわけだから、事態が好転しないのは当たり前です。相手に問題があるのではなく、自分が描いたモデルに根本的な問題があることに気づくべきでしょう。

相手を「ワルモノ」にし、「バカ」にしている

理性モデルでは、倫理面でも実務能力でも常にベストの人を想定し、それからのズレを批判します。だから、気づかないうちに、結果として、相手を（倫理面からズレた）「ワルモノ」、（実務能力の欠

けた）「バカ」とみなすのです。

西山賢一先生は、人間を理性モデル化して、自分を支える理屈どおりに相手が動くと期待するのは、相手をロボットとみなすことになるという、非常に鋭い、わかりやすい指摘をしています。(6)

従来の経済学は「効用関数という貧弱な」概念を導入し、「目の前のぼう大な財とサービスのメニューを入力すると、限られたサイフの範囲内で、最適な効用が得られるような財とサービスの量の組み合わせを自動的に」選択する「想像力と創造力」のない消費者像をモデルに描きながら研究している。

理性モデル化は、人とモノとの同一視だったのです。

仮に人として見ている場合でも、結果的に悪い人とみなしています。たとえば、合成洗剤の問題点を指摘し、止めようと主張しているのに、使い続けたり対症療法に走る人を、私は以前、意識の低い、理性の乏しい、すなわち自分より劣っていると見ていました。気づいてはいませんでしたが、結果的には、その人の人格を傷つける悪口を言っていたのです。「罪を憎んで、人を憎まず」という諺がありますが、理性モデルで人を見ると、具体的行為である罪よりも、それを行った人を悪く思いがちになります。そのため、忠告や勧告のつもりでも、非難（欠点・過失などを責める）と解され、かえって関係性が悪化するのです。そのような事例をいくつかあげてみましょう。
①啓発
あるごみ問題の市民集会に出席したコンサルタントが、「行政が市民を『啓発』する必要性を訴え

ている姿勢」を批判したのを聴いて、私はハッとしました。行政は、大切な環境問題に対する市民の意識が低いから、啓発しようとしているのですが、それは逆効果になりがちというのです。彼は、「啓」も「発」も「開く」という意味だが、ホンネは「啓蒙」にあると言います。理性的で意識の高い行政マンが、市民の「蒙」(無知という意味)な状態を「啓《ひら》」き、意識を高めると言っているのだから、言われたほうが怒るのは当然でしょう。理性モデルを描くと、問題に対する関心の強弱を意識の高低に捉えてしまいがちになるので、知らぬうちに相手の人格を傷つけているのです。

②住民エゴ

ごみ処理施設反対運動は住民エゴだと捉える識者が大半です。理性モデルでは、自分もごみを出すのに反対するのは非理性的なエゴに見えます。しかし、生き物であるかぎり利己的な心を内包せざるを得ません。住民エゴと言われると、よけい頑なになり、行政側のエゴを問題にしたくなります。

私は反対する住民と話しているうち、理性の行政vs.エゴの住民という問題の立て方ではなく、行政が押しつけざるを得なかったジレンマの一つと捉えたほうがよいことに気づきました。大半の住民は、焼却工場と共生するというジレンマに出会わないで一生を過ごせるが、一部の地区では直面せざるを得ません。一方、行政の担当者は、押しつけたくはないが押しつけざるを得ないジレンマを背負いながら、住民と出会っている。こう捉えると、理性モデルのように住民をワルモノ視しなくなり、解決しやすくなるのではないでしょうか。

③不用意な表現

中西準子さんは最近、「変節した」と批判されています。それは、ダイオキシン汚染が怖い状態にあると主張して運動している人に対して、「空騒ぎ」とか「疑わしいものは使うのをやめるべきだという主張は『幼稚』な予防原則」などと、刺激的な表現をしたのが一因です。[7]「空騒ぎ」している人が「幼稚」などと言われたら関係性が悪くなるのは予測できると思います。しかし、タイトルは出版社の編集権の一つで、譲歩せざるを得ず、「まあ、いいか」と軽く考えてしまったようです。

④痴呆老人

「老人」に加えて、「痴呆」という悪いイメージの言葉が上乗せされるので、ただでさえ弱気になりがちの老人がますます元気でなくなります。老齢化にともない脳細胞が劣化していくのは、手足の機能の劣化と同じく生理現象であり、「痴呆」と捉えるのは配慮不足です。永六輔さんが、東北地方では「二度わらし」(子どもに戻った老人)と呼ぶ地域があると言っていました。この言葉のほうが実態に近いし、受け取る印象がずいぶん違います。ただし、こうした老人と日夜つき合っている看護婦さんによれば、「わらし」というと子ども扱いされたと怒る人もいるそうです。適切な命名法は、現場の状況に合わせて探す以外にないのでしょう。

⑤不登校への対応

先生vs.生徒、生徒間など、学校内での関係性が悪化し、不登校生が増加しています。当初、親や学校は、不登校は悪いという立場で対応しました。理想的状態からのズレを悪と捉えたわけです。しかし、うまくいかず、不登校も子どもの個性の一つとして認めようという方向に動き出しました。ただし、それで現実の関係性がよくなるとは思えません。

実際、かえって先生が手を抜きやすくなるという問題が提起されています。これまでは、学校に来るように、家庭訪問したり、電話をかけるなどの「登校刺激」をしていました。しかし、「学校に行かないという生き方を子供の個性と受け止め」、「学校に行かなくてもいい」となると、同じ行為が「押しつけ」ととられかねないし、そう捉える親も出てくるでしょう。その結果、教育の根本理念である生徒との関係性の創造を自ら放棄することになってしまいます。(8)

証拠なしにワルモノにする

多くの人は、クラブ活動や塾などで一生懸命やっているつもりなのに、監督・先生などから「さぼっている」とか「たるんでいる」と言われ、しごかれた経験があるでしょう。彼らは、相手を理性モデルに近づけようと努力しているので、そこからのズレが自分の許容範囲を超えていると判断すると、叱るのです。

しかし、現実には常に理性的に振る舞える人などいないため、ベストとされる基準も、そこからのズレの程度も、指導者の都合で決めざるを得ません。この基準は、言われる人とあらかじめ合意したうえで決めたものではないので、証拠なしにワルモノにされてしまう場合が生じます。不本意なので反論しようとすると、今度は「注意を素直に聞けない悪い人」とのレッテルを貼られ、関係性は逆に悪くなります。

広島市のある中学生は、卒業式に起立して国歌斉唱するという学校の決めたルールに従いたくなかったので、式の前、先生が席をはずしたちょっとの時間に、友人とつくった決意文を読み上げ、着席する決意を級友に伝えました。卒業式では、自分のクラスだけでなく、約三〇〇人の卒業生の七割程度が着席したままでした。後日、担任や校長は彼らを呼び、「付和雷同はダメ」と注意したので、「起立した人も付和雷同と違うの？」と反論したそうです。形のない心の内面の理性モデルからのズレを示す証拠はありません。立つ・座るという正反対の行為のどちらもが悪い行為と解釈できる弱点を突いたわけで、この生徒はすごい！と思いました。(9)

時間コストを無視する

倫理面と実務能力の理想状態からのズレを問題にする場合、相手との関係性の良悪で表現は変わり、よい場合には提言や勧告など、悪い場合には糾弾や非難などきつい言葉になります。ただし、どちらも内容が抽象的で、具体的措置につながりにくいという問題を内包しています。たとえば、「迅速に〇〇することが求められる」とか「しつけ不足」などと言われても、具体的に何をしてよいかわかりません。しかも、「迅速」にしているつもりであるのに、遅い・拙速と批判される場合がありまず。また、「叱る」という方法では「しつけ」にくくなっているのに、「不足」と言われても対処できません。

批判や提言される当事者の身になり、「〇〇」にリストラや大学改革を入れると、これらの主張に何が欠けているために参考にしにくいのかがわかります。識者が望むように、問題をより本質的に解決しようとすると、関係者が比例的に多くなり、その関係性を変える具体的措置が見つかりにくくなって、著しい時間を要するのが現実です。

理性モデルは、時間コストゼロで関係性を変える具体的措置が見つかり、成果が出ると考える、現実との乖離度が大きい第ゼロ近似のモデルなのです。そこで、近似度を上げるために役立つ三つの参考事例をあげてみましょう。

愛知県津島市の住民は、公害問題を主要争点にする裁判を行い、九割程度まで完成したごみ焼却工場の建設を一時ストップさせるという成果を得ました。その後、善後策をめぐって、行政と話し合いましたが、「謝れ」「謝らん」で約一年半が費やされます。住民側は、裁判所が行政の措置を悪いと認定したのだから「謝る」のが先決と考え、行政側は、「謝る」と建設中止になった工場が建たなくなると思ったからです。

このジレンマを解決したのは、「住民の要望のうち、まともなことは聞いたらどうですか」というごく当たり前の忠告をタイミングよく行った行政側のリベラルな弁護士です。さらに、行政がタイミングを計り（これが時宜を得ていました）、横浜市の企業に保管してある建設に必要な主要部品を中断している工場建設地に移管したいという（知恵のある）実質的な工事再開の提案をします。

約半年後に、住民側は妥協し、建設再開を許す気持ちになれました。理屈では認めざるを得ないけれど、心の整理ができるまで、私たち支援者も含んで、工事を再開させない理論と方法がないかを何回も話し合いました。結論は始めと同じにしかならなくても、話し合う過程が大切です。逆に短時間で決着つけようとして、「同じことを話し合っても仕方ない！」と言う人が多いと、妥協しにくくなる人も増えるのです。

滋賀県大津市のごみ焼却工場建設問題の場合は、「行政側の公害対策はかなり充実しているから、裁判をしても勝ち目がない」と、私は何回も説得しました。しかし、住民側のリーダーは納得せず、弁護士が勧めたこともあって、裁判に入ったのです。当初は、住民は刑事裁判と民事裁判の違いもよく知らず、「悪い行政」を裁くという刑事裁判のイメージで捉えていました。しかし、開始後に私人間のもめごとを仲裁する民事裁判であり、健康被害を立証しにくいことがわかり、訴訟を取り下げます。

理性モデルで住民を見ていた私は、両裁判の違いや民事訴訟の実態は、容易に住民に伝わると思い込んでいました。しかし、人はその場におかれ、自分が（大切な時間を使い）実感して初めて「なるほど」と思える存在だったのです。

また、ある父親が、金属バットで我が子を殴り殺すというおぞましい事件がありました。裁判で証言した、事件に至る経過が報道されています[10]。それによると、父親は何人もの識者に相談したが、「親も苦しいが子供はもっと苦しい」とか「子供の気持ちをくんであげてほしい」という、具体的措置につながらない理性モデルからの一般的忠告しかもらえなかったようです。父親は、それを息子の暴力に抵抗しないことと解釈して奴隷のように耐えたそうですが、事態は好転せず、悲惨な結末を迎えてしまいました。

一方、心理学者の菅野純先生は、イジメられっ子に、イジメの対処法の予行訓練を勧めています[11]。理性モデルをもとにアドバイスすると、解決に至るまでの時間を無視した知識は授けられても、時間を要する現場にふさわしい知恵は授けにくいようです。

人間は、相矛盾する性質を内包したまま生活しています。とっくみあい・殴る・蹴るの激しいケンカの後で、双方の気分がすっとし、仲直り以上の関係になるという経験や、そんなつもりでなかったのに、つい手が出てしまう経験を、何人もがしてきました。理論上では、そのような矛盾を捨象して、暴力反対と一般化できますが、その理論を現実世界に戻した場合、矛盾が消滅しているわけではありません。だから、そうできない相手や自分、必ずしもそれがよいとはいえない場合に直面してしまうのです。

したがって、時と場合によっては、菅野先生のようにアドバイスしたほうがよいときもあるなど、非常に厳しい選択を迫られます。その代わり、うまくいかなければ、アドバイスする側も含めた二人で結果責任を負うことを覚悟しなければなりません。関係性を築くことを主目的にしてともに知恵を磨く姿勢でないと、容易にはできないアドバイスだと思います。

自分との関係性が見えにくくなる

水俣病が新聞にときどき載り出した六〇年代前半、私は「チッソもえげつないことする。許せない！」と、理性モデルでチッソを捉え、批判していました。しかし、工学のあり方にあまり疑問をもっていなかったので、自分とは無関係な問題だったのです。理性的に振る舞える自分なら、そんな場合うまく解決できるだろうと勝手に思っていたので、チッソの技術者は悪い・劣った人に見え、会って話を聞く気にはなりませんでした。

ところが、六〇年代後半になり、全共闘運動が全国的に盛り上がり、学者や研究者のあり方が問われ出すと、チッソの社員・水俣病の患者さんと自分の距離が近くなりました。自分も同じ場面に出会った場合、ひょっとして加害者側に回っていたかもしれないと思ったからです。

当時、大学では実験で使った薬品は水で薄めて捨てるのが常態で、私も金属を溶かす薬品を含んだ廃液を処理する際そう教えられ、疑問をもちませんでした。たまたま排出量が少なく、排水が直接食べ物に結びつかない地域にある大学にいたから、直接的な加害者にならなかっただけです。チッソの社員と同じ理屈に支えられて、仕事していました。

それに気づくと、加害者側であるチッソ技術者に対する怒りが薄まり、自分だったらどうしただろうと考えるようになったのです。チッソの「悪」を強調する評論家やマスコミの論調には違和感をもっていました。渦中の当事者の身になって、何ができるか、どうしただろうかという視点で、問題を捉えると、感情がずいぶん変化するものです（ただし、被害者側があまりに深刻な状況に置かれていたので、この気持ちは心のなかだけにとどめ、外に向かって言うことはありませんでした）。

時が過ぎ、筆舌に尽くしがたい被害を受けた患者さんが私と同じ心境になり、チッソの加害責任を赦せる心境になっているのを知ります。水俣病の患者さんたちが中心になって創った財団法人水俣病センター相思社の機関誌『ごんずい』に、お父さんが狂死され、自分も患者である緒方正人さんが、アウシュビッツを訪問した手記を書いていました。(12) それを読むと、感銘を受けるとともに、人間の存在の不条理さに深い哀しみを覚えます。

「もし、自分がチッソの中にいたら?おなじ加害行為をしたのではないか。チッソや行政の中にいる人たち、すなわち、価値概念(その時代の支配的な価値観：著者注)に支配され囚われている『人』への恨みが消えうせて、これを許し、呼びかけの対象となった。幼少にして親父を殺されて以来の、積年の恨み、チッソを爆破したいほどの強い憎しみが、解けた」

これは決して、チッソの行為を不問にしたり、なかったことにするのではなく、加害者側との関係性のもち方を変えようという提案です。怒りや恨みをバネにする活動では、残念ながら加害者側は頑なになりがちで、反省や謝罪をしてくれません。そして、加害者側に呼びかける機会さえもてないという悪循環に陥ります。「戦時における我が身を想像したとき、私は、ナチスの側にも囚人の側にもなりうる」という深い根本的な矛盾を内包した人間同士として、加害者側に呼びかけたほうが関係性を改善しやすいのではないか、という問いかけです。

「窮すれば通ず」という諺がありますが、「通ず」の途中に「変ず、変ずれば」を入れて、「窮すれば変ず、変ずれば通ず」を座右の銘にしている事業者の新聞記事を読んだことがあります。緒方さんは、アウシュビッツを訪ねて「変じ」ました。同じ気持ちの患者さんが増え、その思いが少し市民に

「通じた」のでしょう。水俣に行ってみると、患者さんと一般市民・チッソ・行政の関係は「禍いを転じて福となす」の道を歩んでいるようで、ホッとした気持ちになります。九〇年代後半から環境都市として再生しようという気運が盛り上がり、二一種類のごみの分別というよく知られた大きな成果を上げました。

5　理性モデルを採用してきた既存の学問

なぜ目標が達成できなかったのか

多くの人間系の学問は、実践活動には役立ちにくい第ゼロ近似の理性モデルを採用してきました。哲学者の中村雄二郎先生によると、大半の社会科学は感情や個性、経験を捨象し、系統だった論理に依拠して行動する理性モデルを採用して、人間社会を分析・評価しているそうです。[13]

たとえば経済学では、西山賢一先生によると、一九世紀に提案された「合理的な判断をする孤立した個人」という人間像を大事にしています。[14] このモデルを採用すると、感情や個性など個々の人間の違いを考慮せずに、人間行動の理論化が可能です。したがって、人間全体、あるいは労働者・市民・女性など抽象化した人間集団の行動を分析しやすくなるというメリットがあります。そのため、多くの社会科学はこのモデルを採用してきました。

学者が分析対象にした市民や女性あるいは事業者などが理性モデルどおりに行動すれば、「その対象を操作し、統御」するという学問の目的が達成されます。ところが、現実はそうなりません。既存の学問では、その原因を、対象とされた側が理性モデルからのズレが見えていないからであると捉え、対象の責任にします。そして、学者がそれを指摘すると、相手が直ちに（時間コストゼロで）「改心」して、ズレを小さくしようとすると期待するのです。だから、対象の問題点の指摘が学者の使命になります。

しかし、モデル化したのは学者側であり、対象とされた市民ではありません。それなのに、市民の責にするのは本末転倒で、モデルに欠陥があると反省したほうがよいはずです。既存の人間系の学問はこの点に気づきませんでした。だから、「予知、制御、支配」できる理論を創るという目標が達成できなかったのです。

欠陥はモデル自体にあり

私がこれに気づくきっかけになったのは、河合隼雄先生の講演要旨です[15]。彼は次のように語っていました。

「行動心理学のように、人間の心を客観的に自然科学的に分析しようとする方法があるが、私の関心はそこにない。自分が相手にどんな態度で立ち向かうか、それによって相手の反応は違ってくる。心の科学は私自身が問題になる」

それを読んで、自分が頭のなかに描いているモデルと現実がズレた場合、現実の住民を怒るのではなく、モデルが間違っているのではないかと反省してみることの大切さに気づきました。

私が専攻してきた物質系の学問では、モデルを描いて対象に働きかけ、期待どおりの反応が還ってこなかった場合、モデルを修正して近似度を上げ、再度挑戦していました（ときには、実像がモデルからズレていると怒って実験装置を蹴飛ばしましたが……）。ところが、人間と対話するときには、自分の描いたモデルが第ゼロ近似であることに気づかず、相手に責任転嫁していたのです。

ここから、人間系の学問が対象を操作し、統御するという目的を達成できなかった第一の要因は、仮説を立て（モデルを思い描き）、対象に働きかけ、モデルから予測される回答が得られなかった場合、モデルを修正しなかったところにあることがわかりました。そこで、民際学では、理性モデルを自分の到達目標にはしますが、相手側の行動をその視点で評価して、論評することは、原則として行いません。

6　成熟モデルを学ぶ

四つのモデル

河合先生も、理性モデルを思い描きながら人と対応してはうまくいかないことに気づいていました。日本の心理学は他の社会科学と同様に、人間が客観的に観察し得る現象のみに対象を限定し、理性モデルを採用して理論化した「心なき心理学」だったそうです。[16]

河合先生の前には、醜貌恐怖症などさまざまな心の悩みをもった人が訪れます。彼らに対して、「醜さ」を客観的に定義し、そこからのズレが小さいというデータを示して、思い込みにすぎないと諭しても、たいていは効果があがりません。そこで、相談者との会話を振り返ってみて、四つのパターンに分けられることに気づきました。

それは、医学モデル、教育モデル、成熟モデル、自然《じねん》モデルです。[17] このうち、心理学者の理想ともいえる対話法で、黙っていても相談者がその人の前にいると治ってしまう「自然モデル」は、実践がむずかしいそうです。

うまくいかなかった医学モデルと教育モデル

残りの三つのうち二つは医者と先生がふだん使っている手法なので、医学モデル・教育モデルと名づけられています。

医学モデル

　症状→面接→病因の発見→病因の意識化→治癒

教育モデル

　問題→面接→原因の発見→助言・指導による原因の除去→解決

医者や先生と話すときを思い出すと、確かにこうした順序で患者や相談者と対話しています。このとき、医者や先生は、患者や相談者が直面している問題の原因を追究し、見つけて諭すと治るという、理性的な人間をイメージして対話するので、（正しい説を教える）「説教」になるわけです。

河合先生も当初は、この二つの対話法で相談者に対応していましたが、うまくいきませんでした。それは、理性モデルは、①個性の違い、②感情の動き、③時間の経過にともなう変化を捨象したモデルになっているからです。そのため、現実の人間から大きく離れてしまい、目の前の人間に対応できにくいという矛盾を背負ってしまいます。

社会問題の現れ方は、①～③の三つの性質のため一人ひとりで違いますから、解決法も当然個性的になり、皆が同じというわけにはいきません。かといって、一人ひとりの解決法がすべて違うと、どうしてよいかわからなくなります。相談者をワルモノにしても、問題が解決されるわけではありません。河合先生はこの矛盾を乗り越えるため、自分の対話法を振り返り、成熟モデルという対話法を見つけました。

相手の変化に合わせる成熟モデル

問題→治療者の態度により→相談者の自己成熟過程が促進→解決が期待される

この対話法の特長は、治療者の態度による相談者の変化に注意しながら対話するところです。理性モデルでは、治療者の頭のなかにあるモデルがベストですから、変える必要は生じません。だから、説教になります。一方、成熟モデルでは、治療者はモデルを相談者に応じてたえず修正しながら対話するので、説教は時と場合によります。

成熟モデルは、よい点も欠点もあるが、よく生きたいという夢をもっている、普通の人です。大半の人があてはまりますから、理性モデルに比べて出会うチャンスは当然多くなります。理性モデルのように、自分に比べて格段に優れているわけではないし、人により千差万別ですから、指針になりにくいのではないかという疑問が生じるかもしれません。しかし、有名人を目標に頑張る人もいれば、身近な友をよきライバルとして励む人もけっこういるので、指針になり得ます。

理性モデルを基本に他人を見ると、本当は個性があり、一人ひとり違う人間を、「おとな」「役人」などにまとめてしまいがちです。すると、「いまのおとなは」とか「公務員は」など、ある集団全体を悪く見がちになり、そのなかで少数だけれど前向きに問題に取り組んでいる人が見つかりにくくなります。その結果、「世の中少しも変わらない」と嘆く回数が多くなってしまうのです。

それに対して成熟モデルでは、会う人ごとに思い描くモデルを取り替え、自分の身近な人をモデルにしながら対話を重ねるので、お互いにその前より成熟でき、人間像をより豊かにできます。たとえば、市民が企業や行政に勤める人と出会う場合、理性モデル化された上司、大企業の課長、役人などと現実の人を比べるのではなく、自分の身内や知合いの人と比べながら話し合うと、互いにホンネを言いやすくなるという具合です。

互いの成長が確認できる

私にとって、このモデルの代表は、牛乳パックの回収運動を始めた故・平井初美さんです。牛乳パックを回収しても、量的観点からはトイレットペーパーに使われる上質古紙の一％程度の使用量だし、トイレットペーパーとしてリサイクルされても、その次は使い捨てられますから、CO_2削減効果にほとんど寄与しません。理性モデルを描いて平井さんを見ると、「つまらない運動」の代表者に見えます。この運動が始まったころの私は理性モデルから脱していなかったので、そのうちつぶれるだろうと様子を見ていました。ところが、予想はみごとにはずれ、現在ではもっとも元気な市民活動の一つに成長しています。

平井さんは、牛乳パックを抽象化して、資源・環境問題と捉え、CO_2削減効果の大小という観点から運動を始めたわけではありません。牛乳パックを通じて、自分と森林（自然）・社会の関係の実像を知り、自分が成長したかったのです。その気持ちが多くの市民の共感を得ました。そして、物量的効果が小さいという矛盾を乗り越え、お金に換算しがたい精神的満足感を多くの人に与えたのです。

理性モデルにしばられていた私は、運動に役立つ文字にできる情報を得るため、牛乳パックの集会に行っていました。これに対して、かなり多くの市民は、平井さんから「元気をもらう」ために参加していたのを知って、「目から鱗」の感がしました。抽象化・一般化をめざすと、文字化しやすい情報に関心がいき、抽象化しがたい元気さや、人間としてもっとも大切な心に関心がいきにくくなり、現実の人間が見えなくなってしまいます。

学問とは、学び、問う行為です。人間系の学問なら、現実の目の前の人間から学ぶのが大原則で、小林康夫先生が言うような、抽象化・一般化をめざし、普遍性や記述性などを原則にする必要はありません。にもかかわらず、いつの間にか、本から学び、その結果を記述することが学問になってしまい、問う人が消えてしまったのです。

既存の人間系の学問が実学になり得なかった要因は、ここにあります。文字にしにくい情報は、その人と出会わないと得られません。互いに成長できることを確認できる成熟モデルを見つけられた河合先生は〝すごい！〟と思いました。

自分の身のまわりには、成熟モデルにふさわしい人が少なからずいるはずです。その人が関心があったり直面しているさまざまな社会問題と、自分のそれを語り合うところから、民際学が始まります。

（1）『朝日新聞（夕刊）』二〇〇〇年四月四日。
（2）栗原彬「『壁』の突破へ体系化」『日本経済新聞』一九九八年一〇月一一日。
（3）『朝日新聞』一九九九年一月七日。
（4）九鬼伸夫「記者のち医者ときどき患者」『朝日新聞』一九九八年九月二八日。
（5）『朝日新聞』一九九七年六月五日。
（6）西山賢一『複雑系としての経済』ＮＨＫブックス、一九九七年、五～六ページ。

（7）中西準子「『環境ホルモン』空騒ぎ」『新潮45』一九九八年一二月号。
（8）『日本経済新聞』二〇〇〇年一月三〇日。
（9）『朝日新聞』二〇〇〇年三月一六日（大阪版）。
（10）『朝日新聞』一九九八年四月一六日。
（11）『日本経済新聞（夕刊）』一九九七年九月一〇日。
（12）緒方正人「ふたつの巨きな問いの基準」『ごんずい』No.33（一九九六年三月）、水俣病センター相思社、一四ページ。
（13）中村雄二郎『臨床の知とは何か』岩波新書、一九九二年、三ページ。
（14）前掲（6）。
（15）『朝日新聞（夕刊）』一九九八年三月一二日。
（16）河合隼雄「おはなしおはなし」『朝日新聞』一九九三年八月一五日。
（17）河合隼雄『心理療法序説』岩波書店、一九九三年、九〜一五ページ。

第Ⅱ部　民際学を広げる

第1章　暮らしのなかの日本語や法律用語に強くなる

1　ホンモノの国語力

裁判をとおして日本語に強くなった

住民の支援活動をおもな仕事にするのではなく、従来の研究を続けていれば、この本を書けるまで私の日本語は成長しなかったと思います。心が関係しない物質系の用語は定義がはっきりし、形式が決まっているので、日本語にあまり気を配らなくてもすむからです。また、細分化して互いの関連性があまりないので、厳しく議論を詰め合うことも多くありません。

これに対して裁判に出ると、文系の弁護士から、計算間違いの有無だけでなく、専門用語の理解度も厳しくチェックされます。怖い反面、乗り切ったときは正確性が証明されたことになるのです。

私が日常的に助けてもらった先輩は、人間系の学問にも造詣が深かったので、もともと弱かった国語に私もずいぶん強くなりました。彼が解決に貢献した、あるイジメ問題を紹介しながら、日常よく使う日本語や法律用語を学ぶ「民際学」を始めましょう。

イジメられていたA君

二三歳のA君は、少し作業は遅いけれど、食品などをパックに詰める仕事をまじめにしていました。ところが、彼の上司は遅いところが気に入らず、手袋をさせないで、冷凍庫内で仕事をさせる「指導」をしました。冷たければ、早く作業を終えるだろうと思ったからです。また、発奮を期待して、「辞めてしまえ」という「注意」や、尻や足を蹴飛ばす「指導」を繰り返したそうです。

上司なら仕事の能率を上げてもらいたいと思うのは当然ですから、指導や注意自体に問題はありません。その中身が適切であれば、効果が出るはずです。しかし、作業に要する時間に比べて、手の温度が最初の短時間で冷えてしまえば、能率はかえって落ちることが予想されます。注意により発奮するか否かは、二人が置かれた場の状況と二人の関係性で決まります。この場合は、効果は出ません。にもかかわらず、上司は「指導」や「注意」とイジメの境目がどのように決まるのか熟慮しないまま、それらを繰り返したので、彼は窮地に立たされました。

このようなできごとは、会社では珍しくありません。とくに最近は、中・高年の会社員をイジメて辞めるようにし向ける手法が増えています。たいていは泣き寝入りさせられますが、民際学を学んでおくと、事態を少し好転できます。

Ａ君は私と同じく国語に強くないため、上司の行為が指導や注意に該当し、イジメでないと言えるか否か、仮に該当しても適切と言えるかどうかなどを、頭で整理できません。また、できたとしても、対話技術を身につけていないので、上手に反論できる自信はありません。会社内で相談できる人も見当たらない彼は、両親にうちあけました。

しかし、両親も困ります。せいぜい、「世の中って、そんなもんや。辛抱せな、しゃあないで」と説教するしか思いつかないからです。元気のよい親なら、上司と直接交渉しようと怒鳴り込むでしょうが、上司も〝さる者〟です。そうした事態を予想して、てぐすね引いて待ち、「作業能率を上げてもらうべく、指導をしているのに、息子さんはそれに応えられず会社も困っている。どんな育て方をしたのか」などと説教されかねません。

法律に即して言葉を考える

困った両親は、私の先輩に相談しました。国語に強い彼は、このような上司を相手にしても効果がないと予想。とはいえ、いきなり法的対応をとると会社に迷惑がかかるかもしれないので、対応の仕方をともに考えることにしました。

先輩は、足に傷が残るなどの証拠がないかどうか尋ねましたが、上司は心得ていて、そんな証拠を残していません。手を出すと「暴行」罪になることをよく知っているからです。そこで、先輩は、口によるイジメを法的に捉えるとどのような罪に該当するのか考えてみました。新聞には、「脅迫」罪や「強要」罪、「恐喝」罪で捕まった暴力団員の記事が載っています。これらは、いずれも手ではなく口による「罪」ですから、イジメと関連があります。

「脅迫」は脅すこと、「強要」は無理に要求すること、「恐喝」は脅しつけること、脅して金品をゆすり取ることですから、上司がこれに類した行為をしていることは確かです。しかし、「注意」や「指導」あるいは「命令」でも強制的側面がありますから、上司の強制的行為が直ちに「罪」になる脅迫や強要に該当するわけではありません。刑法の条文を調べてみると、次のように書かれています。しばらく前までは明治時代につくられたままの、カタカナで、旧仮名遣いでしたが、最近ひらがなになりました。

（脅迫）　第二二二条

①　生命、身体、自由、名誉又は財産に対し害を加える旨を告知して人を脅迫した者は、二年以下の懲役又は三十万円以下の罰金に処する。

（強要）　第二二三条

①　生命、身体、自由、名誉若しくは財産に対し害を加える旨を告知して人を脅迫し、又は暴行を用いて、人に義務のないことを行わせ、又は権利の行使を妨害した者は、三年以下の懲役に処する。

③　前二項の罪の未遂は、罰する。

（恐喝）　第二四九条

① 人を恐喝して財物を交付させたものは、十年以下の懲役に処する。
② 前項の方法により、財産上不法の利益を得、又は他人にこれを得させた者も、同項と同様とする。

これにより、以下のことがわかります。

① 恐喝は、「脅し」＋「金品を取る」がセットになっているから、今回は当てはまらない。
② 脅迫と強要に関しては、罪になるかどうかは「害を加える旨を告知して」と関係している。「注意」「指導」「命令」は害を加えることを目的にしないから、罪にならない。
③ 強要は、脅したり暴行して、義務のないことをさせたり権利を妨害すると成立する。したがって、強要罪に問われると、同時に脅迫罪もしくは暴行罪にも問われる。
④ 脅迫は、強要と違って、脅す行為単独で成立する。
⑤ 強要は、脅迫より罪は重い。罰金では済まないし、懲役刑が一年長い。未遂罪もある。

罪になることを言葉の検討から証明

罪になるか否かは、②の解釈にかかっています。上司は「害を加えるなど考えたことがない！」と言うでしょう。だから、両親のほうから「害を加えることを目的にしている」という証拠を示さないと、この条項を生かせません。口による罪を立証するのですから、物証はなく、息子さんと上司の対話内容を検討する必要があります。その観点から尋ねると、息子さんは上司からたびたび「辞めさせるぞ！」と言われていたことがわかりました。

　この言い方は、「注意」や「指導」としては不適切ですから、この二つでない可能性は強く、残るは「命令」であるか否かです。「辞めさせるぞ！」と「命令」できるのは、会社の就業規則にてらして、かなり重大な違反があった場合で、その権限をもった上司です。ところが、息子さんはそのような違反をしていません。しかも、この上司はその権限をもっていないのに、命令口調で言っていました。したがって、この発言は命令でもなく、刑法の「身体に対し害を加え」た言葉の可能性が強くなります。

　身体と言われると、肉体と同義語のように思ってしまう私は、直接手をかけないと身体を害したとは言えないのではないかと疑問に思いました。しかし、身体という言葉のうち「身」という概念は、「立身出世」という用語からわかるように、肉体だけでなく、人格をも含むので、「身分」に対する脅迫と解することができるそうです。さすが、先輩は国語に強い！と感心しました。そのうえ、「辞めさせるぞ！」と言いながら冷凍庫に入れたとすると、脅して義務のないことをさせているので、「強要」罪の疑いも強くなるそうです。

　ここまでの検討で、理屈上では罪になりそうであることが見えてきました。しかし、上司は「軽い気持ちで、冗談で言ったことまで、いちいち罪に問われたらかなわない」と反論する可能性がありま す。したがって、罪になるか否かは理屈だけでは決まりません。二人の置かれた状況次第になります。

　先輩が知合いの弁護士に尋ねてみると、上司の行為は「軽い気持ちで、冗談で言える」状況での発言ではない事例で、「脅迫」罪や「強要」罪に当たることがわかりました。口による「注意」「指導」と、口による「罪」との境界は、多くの場合、紙一重です。ただし、裁判所では条文にもとづき、どのような行為が「脅迫」罪や「強要」罪に該当するか、多くの判例を残しています。だから、弁護士にはすぐわかるのです。

文書が有効な力になる

そこで、先輩は、上司が息子さんに言ったことやしたことを彼自身ができるだけ具体的に記録するように、両親に勧めました。この記録が有力な物証になるからです。

最近の若者は手紙をあまり書かないので、論理的に整理するのに時間がかかりましたが、自分のことですから、まあまあ書き上げました。両親はそれらを証拠として保存したうえで、子どもと上司の関係を把握しているかどうか会社側に尋ね、こう伝えました。

「上司の行為は脅迫罪や強要罪に該当する疑いがある。ただし、上司の個人的行為であって、会社が業務としてやらせているのではないことは承知している、したがって、会社が善処してくれれば、告発するつもりはない」

会社は早速、この上司を呼んで厳しく注意したようです。とはいえ、イジメっ子に対する先生の忠告と同じ効果しかもたらしません。「オレの行為は罪になるんやて」とか、「オレの善意を解せず、逆恨みして、親にチクって」という類の、身体を害する目的をもっているという証拠になりにくい、「いやみ」や「ぼやき」によるイジメに変わっただけでした。

半歩前進の効果しかもたらさなかったので、両親は先輩と相談して、次の手を打ちます。会社の措置に対する礼を言うとともに、効果がなかったことをも伝え、「上司に直接伝えたいので、住所を知りたい」と言いました。予想したとおり、会社は拒否します。そこで、弁護士名で、上司宛の内容証明郵便を会社気付で送ったのです。

すると、会社は息子さんをすぐに配置転換し、上司から遠ざけます。そして後日、上司を訓告処分し、一件落着しました。

２　実学が身を守る

国語に強い先輩の助けで、両親は息子さんの窮地を救えました。この例から、三つの重要なことがわかります。

第一に、「国語を学ぶ」とは、学校の「国語」の授業を受けることだけではありません。それは、ふだん使ったり聞いている基本的な日本語の意味や、似た言葉の使い分け方をなるべく正確に理解し、暗記ではなく、自分の言葉で言おうとする習慣をつくることなのです。国語学者の大野晋さんが書かれた『日本語練習帳』を読むと、「思う」と「考える」など、ふだん何気なく使っている日本語の意味の違いを正確に理解することの大切さを実感できます[1]。

第二に、イジメ、入院、交通事故など非日常的なできごとに遭遇した場合、正確な記録をつけることです。エイズ問題でも、患者さんが入院中につけた日記が決定的証拠になり、非加熱製剤の投与が証明された例がありました。

第三は、法律を学ぶことの意味と大切さです。それは、むずかしい「法学」の本を読むということではありません。日常使われている言葉には、先に述べた脅迫や強要など法律用語がたくさんあります。これらをよく知っていると、弁護士に任せっぱなしにしないで、自分でやれることが増えてきます。弁護士は忙しいため、損害賠償などの請求額が三〇〇万円未満の事件は断わられるケースが多いそうです。簡易裁判所管轄の九〇万円未満の事件の約九割は、弁護士がつかない本人訴訟になっていると言われます。

国語や法学を実学として使いこなせれば、安い費用で身を守れます。

（1） 大野晋『日本語練習帳』岩波新書、一九九九年、二～八ページ。

第2章　七つのキーワードで考える

　こうして私も自分が日常使っている言葉の意味にいっそう興味をもつようになり、民際学に到達できました。ここでは、考え直して本当によかった、①主観と客観、②主義と手段、③因果と縁・報、④裁量、⑤住民・市民運動とＮＧＯ・ＮＰＯ、⑥能率と効率、⑦分析と総合、という七つの基本的な日本語と、その分析から見えてきたものを紹介します。

1　主観と客観──客観的だから公平なのか？

支持者を得れば、主観が客観になる

　物質の運動は、主観によりません。それを統《す》べる（支配する）ルールは客観的法則とも呼ばれ、個人の主観を超越した、絶対に正しい、抗《あらが》いがたいルールという印象をもちます。私も三〇代までは

そう思っていましたが、先輩と話すうちに、おかしいことに気づきました。

客観的法則といえども人間が考えたことですから、人智を超えられないし、最初は発案者の主観だったはずです。たとえばニュートンの万有引力の法則も、当初は彼のアイディアであり、仮説にすぎません。彼が自然と対話を重ね、「正しい」と確認し、さらに真偽をめぐる議論を関係者で行った結果、関係者も正しいと認知したのです。それ以降も間違っているという証拠を見つける人は現れず、法則として認知されました。つまり、客観とは、多くの人びとから支持されるようになった誰かの主観です。

同じ趣旨を、経済学者の佐和隆光さんが『経済学とは何だろうか』で、簡潔に表現しています。[1]科学信仰が強かった一九六〇年代は、「経済学は自然科学のようであるべきであり、(中略)時代と社会を超えて〈有効〉な経済理論が存在しうる」かの雰囲気下にあったので、彼はその理論構築をめざして計量経済学を専攻しました。しかし、やがて、それが「とんでもない錯覚」であったことに気づき、方向転換します。「歴史をふりかえれば、社会科学の場合、複数の理論が同時的に共存しているのが、むしろ常態のようでもある」ことと、「一般に科学の理論は、その時代、その社会の大多数の人々がそれを〈支持〉している、というような状況のもとで、はじめて〈客観的〉であるとの社会的認知を授かる」ことに気づいたからです。

理解者ではなく、支持者の多少によって客観的か否かが判断されるというところに、彼がかなり考えた様子がうかがえます。万有引力の法則を正確に理解している人は少ないでしょうが、目上の人が

「正しい」として教えると、素朴に信じる人が大半です。つまり、「客観的とは何か?」と改めて問われたとき、理解はしていなくても、支持者が多いかどうかが決め手になるのだと思います。したがって、客観的法則が「正しい」とは限りません。

それゆえ、「客観的でない」と批判されても、「正しくない」とは言われておらず、「支持できない」と言われているのにすぎないのです。「正しい」と思うのであれば、多数の支持を得られるように実践すればよいことになります。

一人称で書く民際学

佐和さんが客観に対する誤解を解いたのは八二年です。それなのに、社会的にはいまだに、主観を入れない見解＝客観的見解という誤解が続いています。学術論文は主語抜きで書くという原則が維持され、そのルールを知らない新入りが「私は…」と書こうものなら、「論文でない!」と怒られるのです。

民際学は、対象にした相手との関係性を築くことを第一目的にするので、まず対話からスタートしようとします。「それでは主観が相手に影響を与え、客観的な学問でなくなる」と「誤解」されがちで、関心をもつ学者はまだ多くありません。しかし、多数に支持される理論(すなわち客観的な理論)をめざすなら、まず対象にした相手と対話し、支持される必要があることは明らかです。したがって、民際学では、一人称もしくは二人称で書くことを原則とします。

客観的だからといって公平ではない

客観的立場に立ちたいと思うのは、公平に対処したいと思うからです。しかし、多数の支持を得た主観にすぎない以上、実際には、公平とは必ずしも直結しません。とくに、イジメ問題やごみ問題では、それが浮き彫りにされるのです。

たとえば学校でイジメ問題が生じると、先生は主観を排除し、文部省が示した「①自分より弱いものに対して一方的に、②身体的・心理的な攻撃を継続的に加え、相手が深刻な苦痛を感じているもの」という客観的基準に依拠して、対処しようとします。しかし、後に文部省が追加したように、イジメは主観的なものです。主観を排除した定義だと、無理を生じます。[2]

ある少年は、小学校でイジメられたと訴えました。これに対して学校側は、定義②に従い、「一過性で、継続性がないから、イジメと認められない」という立場をとったため、卒業後も教育委員会と論争が続き、双方に不信感だけが残る結果になっています。また、ある小学校の先生は、騒いでいる児童に注意し、スキンシップをかねて、肩に軽く手を置いたところ、体罰と解されました。そして、親が先生を飛び越えて教育委員会に訴えた結果、校長から「体罰はいけない」と注意され、二重のショックを受けたそうです。[3] 肩に手を置く行為が体罰かスキンシップかは、客観的には決まりません。二人の主観のありようで決まる性質のものです。

ごみにするか否かも捨てようとする人の主観次第であり、主観を排除しては定義できません。この弱点を悪用したのが、瀬戸内海の豊《て》島（香川県）の産業廃棄物の不法投棄、放置問題です。業者は、

「ミミズの餌」とか「重金属を回収するつもりで保管してある」と主張。香川県の担当者は、ホンネでは「ごみにちがいない」と思ったかもしれませんが、客観的に定義された基準がないので、自信がもてず、黙認し続けました（二〇〇〇年六月に国の公害調停が成立し、ようやく解決の方向へ動き出した）。

人間社会の問題に個々の主観を入れると、公平性が損なわれたり、偏った評価をしてしまう恐れが増すので、主観を排除するのが何となく正しいと思いがちです。しかし、どんな問題でも必ず誰かの主観が入りますから、排除などできません。入試問題は客観テストの典型で、採点者の主観は入りにくくなっています。でも、問題作成者の主観までは排除できません。それに、個々の主観を排除しようとして客観的基準をつくると、先に述べた先生や役人のように責任逃れしやすくなったり、神戸市の高塚高校の先生のように生徒を殺してしまうことさえ起こるのです。

遅刻指導する場合、遅れても見逃される場合がけっこうあります。見逃されなかった生徒から見ると、「差別された」と感じるかもしれません。あの高塚高校の先生は、そう言われたくないので、客観的な基準を求め、ストップウオッチを持ち、一秒の遅れもなく、正確に校門を閉めようとしたのかもしれません。しかし、生徒より時計に関心が集中し、悲惨な結末を迎えてしまいました。

イジメか否か、ごみか否かなどは主観で決まる以上、自分の感性（という主観）に頼り、判断したほうがよい場合もあるのです。人間社会の問題では、個々の主観より客観が優れているわけではありません。ただ、下した主観的判断が妥当であるか否かは問われ、「公平でない」という批判を受ける場合は当然あり得ます。だから、客観的基準に頼るより、「しんどい」のです。

それゆえ民際学は、厳密に定義された客観的基準をつくろうとするより、二人の関係性に焦点を当て、その関係がどうなったかで行為の評価をすることにしました。

2 科学(主義)と技術学(手段)——観察と実践の関係

法則と主義

現代医学は人間を対象にした学問であるのに、物質を扱う理系の学問の一つになっています。そのため、心のあり方が影響を与える病気にはあまりうまく対応できないし、医者が主要構成員である医療システムの「病気」にも、有効に対処できないとして、亡くなられた中川米造さん(医学概論)は、人間科学としての医学を提唱されました。欧米では、だいぶ前からその方向へ転換しつつあるのに、日本では遅れているようです。その一因は、医学は世界的に応用科学・技術学の一つとして工学や農学と同列に並べられているのに、日本では数学や物理と同じ自然科学の一つに位置づけられているためだと、彼は指摘していました(4)。

科学はWHYという問いに答えることを第一目的にするのに対して、技術学はHOWに答えようとします。医学を科学と捉えていると、たとえばアトピーなど原因不明の病気に出会った場合、目の前の患者を治すよりも、原因の追究が優先課題になり、動物実験などに関心が向きがちです。一方、技術学と捉えていれば、原因追究よりも、とにかく目の前の患者さんの治療法を探すことが第一目的になります。このように、学問を科学と捉えるか技術学と捉えるかで、専門家と市民の関係はかなり変わってくることがわかるでしょう。

ただ、すでに説明したとおり、物質系の学問の成果は、頭だけで正しいか否か判定できます。したがって、正しい客観的法則として、多くの人に支持されやすいのです。これに対して、心が関係する人間系の学問は、いくら自分が正しい理屈だと思ったり信じていても、頭でわかってもらえるのが精一杯。なかなか共感を得にくいので、法則と同列視されず、「主義」と呼ばれます。主義とは、①多数に支持されるという意味での客観化はされていない、②自分が、③正しいとか間違っていると思う、④基本的考えですから、①の点で法則とは根本的に違うのです。

技術学と民際工学

そして、答えを見つける方法であるHOWに対する呼び名も異なります。モノの場合は技術一語ですが、人間系の場合は手段・手法・手腕・ノウハウ・術《すべ》・技術といろいろな言い方をされます。技術と呼ばれる場合は多くありません。とはいえ、交渉術、対話技術あるいは〝その手は桑名の焼き蛤〟など、私たちは相手への働きかけ方をも技術の一つと捉えて、人vs.人の関係を維持しているので、ここではそれを学ぶ学問も技術学と定義します。

中村尚司さんは、行為の目的が自分の内面にあるのが科学で、外にあるのが技術学（工学）になると、鋭い区分けをしました。医学は患者、工学は機械、農学は農作物というように、自分の外にあるものへの働きかけ方を追究するから、確かに技術学になります。理学は、自然の仕組みを知りたいという内面の欲求に応えるから、科学です。

人間系の学問である民際学は、真理の探究ではなく、関係性を創造する学問を創りたいという心の内面の欲求に応えようとする科学です。ところが、私がおもに関心があったのは「市民活動の支援の仕方」だったので、行為の目的が自分の外にあります。それで、私は九七年に博士論文にまとめたとき、「民際工学」と命名しました。

区別しにくい科学・民際学と技術学・民際工学

ところが、頭のなかでは科学と技術学を区別できても、いざ実践してみると両者の区別はむずかしいことがわかります。WHYという問いに対する答えは、じっとしているだけでは求められません。モノや他人に働きかけ、リアクションを得て、正否を判定する必要があります。だから、HOWという問いに答える技術学が必要です。

逆から始めても、対象の仕組みがわかると、手の打ち方がうまくなります。実際、物質系の学問では、理学が見つけた自然の仕組みを知的道具にして工学が発達し、それを利用して理学がさらに発達してきました。人間系の学問でも同様で、問題を解決するには科学と技術学が車の両輪になって発達する必要があり、どちらか一つだけでは解決できません。にもかかわらず、これまでの人間系の学問は技術学が未発達であることに、私は気づきました。

既存の学問を超える民際学を創りたいという自分の内面の欲求に応えることを主目的にする中村さんは、「なぜ自分はこのようなモノの考えをするのだろう」という自問自答を徹底的に繰り返していきます。そして、学問の細分化は対象を実在の人にしないことにより生ずるなど、現在の学問の方向性を大きく変える可能性を秘めたキーワードをいくつも生み出したのです。

しかし、多くの人は、このようなキーワードに強く心惹かれるのでなく、「わかりにくい」と言います。頭ではわかるが、共感しにくいという意味です。一方、自問自答が不得意な私は「支援の仕方」を主目的にしてきたので、表現方法に関心が強くなりました。それで、中村さんの見つけたキーワードをいかに共感を得るように伝えるかを課題にする民際工学を専攻しています。

だからといって、中村さんが相手への働きかけ方に関心がないわけではないし、私も自分の内面の欲求に応えようとしますから、民際学と民際工学はきれいに二分できるものではありません。誰でもやっている一連の行為の重点をどちらに置くかの差にすぎないのです。二人の関係性を創造する場合、相手へ働きかける実践活動は必至で、自分が先に変わることをめざすのが民際学であるのに対し、相手を変える手を見つけようとするのが民際工学になるのだと思います。こうして、二つをことさら区別する必要はないと思うようになりました。

河合隼雄先生は相談者と対話するとき、「治す」という発想で臨むか「治る」という発想で臨むかで、たえず揺れると述べています。(5) 相談者が不安にかられているときは前者で臨み、自信を回復してくると後者で臨むほうがよいという原則を確立していても、どちらを適用する場面かは、現場での二人の関係性次第で変化するからです。前者は民際工学、後者は民際学に相当します。結局、実践する際には科学と技術学を区別してもあまり意味がなく、場に応じて使い分けする能力を養うことが課題になるのです。

この二つの関係性はどうなっているのか、私にはまだはっきりとはわかりません。気づいた点を述べてみましょう。

主義(ホンネ)と手段(タテマエ)は表裏一体

法則にしろ、主義にしろ、形のない科学の成果は、それだけでは他人に見えません。見せるためには、「書く」「作る」などの手段が必要です。自分が支持した主義は、外に向かうとき自己表現する手段に転化し、「名」は「体」で表されます。外から見えるのは表現された行為(手段・体・態)であり、内面の主義(考え・名・ホンネ)はそのなかに潜み、両者は簡単には区別できません。

たとえば、独り言を言っている間は「主義」の色彩が濃く、独り言を言っている振りをしようとすると「手段」のそれが濃くなるという関係です。しかし、手段の技術が向上し、表現がうまくなると、外からはホンネかタテマエかの見極めがつきにくくなります。「能ある鷹は爪を隠す」「衣の下に鎧」「顔で笑って心で泣いて」などの諺は、主義(ホンネ)と手段(タテマエ)が表裏一体になり、ホンネが読みにくい現実を簡潔に表現しています。

また、日本では、「パフォーマンス」は悪いニュアンスがあり、ホンネを隠すために繕《つくろ》われるタテマエの色彩が濃いようです。しかし、アメリカで「パフォーマンス学」を学んだ先生がいるという新聞記事を見たので、オヤと思い、調べてみました。すると、「上演・実行・業績・できばえ」など、よい意味を指すときに使われる場合が多かったのです。これらは、いずれも行為や結果など外に現れた態を指しています。

物質系の学問の場合、科学が見つけた成果は正しさを疑う余地のない法則ですが、人間系の学問の場合、各自によって違う主義です。それゆえ、問題解決に貢献したのはどの主義なのか見極めがいっそうつきにくくなります。人間系の学問に実学という印象をもちにくい原因は、ここにあったのです。

ホンネとタテマエは複雑な関係

場の雰囲気に影響されたり、相手の気持ちをおもんばかってタテマエを言うなど、ホンネとタテマエは場と時、相手により入れ替わります。

東京都新宿区にある早稲田商店街は、学生が不在になる夏枯れの商店街活性化対策の一つとして、リサイクルを取り入れました。そのなかのゲームつき空き缶回収機が大当たりして、リサイクルの街として売り出したのです。動機は〝不純〟で、リサイクルは儲けるための手段でしたが、方法が優れていたために、リサイクルもホンネの一つになりました。

理性モデルを描くと、善い主義を実益（を与えるという手段）で実現することは「不純」に見えます。

そのため、生徒がボランティア活動すると単位をもらえる制度に懐疑的になったり、空き缶回収機から商店街の割引券が出てくると「射幸心をあおる」と否定的になる人が多いのです。

しかし、私たちの心には善と悪が表裏一体で共存しており、善いほうだけを分離するのは無理というもの。その混じり具合を変えられるだけです。射幸心や金儲けという悪がホンネであったとしても、ささやかな実益であれば、本末が転倒する恐れは少ないでしょう。むしろ好奇心と実益の双方が得られる一挙両得の可能性が高くなり、ホンネの転化を期待して許容できます。大切なのは負担感と期待感が紙一重の関係になっている手段を探すことで、早稲田商店街の場合、ゲームつき空缶回収機がその手段でした。

また、熊本県水俣市も、大阪市も、京都市も、リサイクル主義に変わりはありません。しかし、その分別方法は大きく違います。水俣市は、住民が二一種類に分けて回収ステーションに出し、トラックで収集しますが、大阪・京都の両市は、住民が缶とビンを同じ袋に入れて出し、パッカー車で収集しています。このように、同じ主義でも手段は大きく違う場合があります。逆に「呉越同舟」という諺からわかるように、主義同士には矛盾があっても、方法が一致する場合もあり、主義と方法は複雑に絡み合った関係です。これは、主義の表現手段である行為が場・時・人によって変化するからです。

早稲田商店街の事例は、矛盾を含む商業主義とリサイクル主義の方法が一致しました。一方、身障者団体が牛乳パックを回収する場合、自立を支える有効な経済的手段となる間は回収できますが、値段が下がると断念せざるを得ません。

本質的課題の解決にどう迫るか

法則も主義も、次のような矛盾を内包しています。より本質的課題に応えるほど、その価値は高くなるけれど、形にする技術が見つかりにくくなります。逆に主義や法則としての価値が高くないほど、形にできる技術が見つかりやすいのです。しかも、主義にしか頼れない人間系の学問の場合、形にできる技術を見つける困難性が増します。

たとえば、エネルギー問題を根本的に解決できるといわれる核融合の理論は法則と認知されていますが、技術がともなわず、基礎研究の段階です。それよりアイディアとしての価値は低い高速増殖炉は、基礎研究にふさわしい技術を見つけ、実証段階に入りましたが、経済的に成り立つ技術が見つからず、立ち往生しています。一方、ボタンを押す・ハンドルを握るなどは、アイディアとしては陳腐で、ありがたみはありません。しかし、電化製品や車に数多く採用されてきました。

また、地球温暖化をもたらす主要物質のCO_2を削減するアイディア（主義）として、生産量の削減（リデュース）が基本で、リユース、リサイクルと続くことは容易にわかります。ところが、方法となると逆で、リデュースを現実化し、事業者と市民の関係性を大きく変えるに適した技術は、容易には見つかりません。

一方、アイディアとしての価値が低いリサイクルの場合は、生ごみの堆肥化・牛乳パックの回収などなど数多くの方法があるので、方法としての価値ははるかに上になり、多くの人が取り組めます。現段階では、リサイクルのほうが関係性を変えるのに優れた手段（技術）なのです。

さらに、より低位の法則や主義を形にする手段が、より高位のそれらを形にする手段として使えることがわかってきました。たとえば、アイディアとしての価値が低いリサイクルという手段は、価値の高いリデュースやリユースを形にする一手段になります。

使い捨てられていた新聞・雑誌などがリサイクルされるようになった結果、再生原料が増えたために需要と供給のバランスが崩れ、かなり長い間、逆有償（引取料金を収集業者に支払うこと）になっていました。しかし、製紙メーカーが再生パルプを使う設備を増設したので、使用量が増え、新パルプの使用量が減少する目途《めど》がつきつつあります。一気に、新パルプの生産量の大幅な削減にはいかないけれど、一歩前進の成果が得られました。つまり、「とりあえず、（関係性を変えることが）できるところ」であるリサイクルから始めた結果、より高位のリデュースに移れる目途がついたのです。

理念派と現実派の不毛の対立

このように、主義と手段の関係性は非常に複雑です。同じ行為が視点次第で、ある主義の表現に見えるときと、矛盾する別の主義の表現に見えるときがあります。したがって、問題がうまく解決できても、できなくても、どちらの結果かの見極めが困難で、これも人それぞれになります。

これまでの人間系の学問は、観察中心の「見る」学問になり、働きかけを重視した「する」学問ではありません。技術学が未発達だったため、主義（法則）と手段のどちらが欠けても問題解決しにくいことがわからなくなりました。その結果、①主義を法則と同一視する人や、②次善の主義だと運動がうまくいかなくなるという誤解をする人がけっこういます。運動が下り坂になると、主義を重視する理念派と、手段を重視する現実派の折り合いがつけづらくなり、不毛の対立を増やす要因になりました。

たとえば、「○○すべきなのに、あの人は…」と言う人がいます。しかし、独身主義を貫いている人に「結婚すべき」と言っても、耳を傾けてくれません。つまり、「法則」なら、それに反すると結果がよくならないけれど、「主義」の場合は結果が悪くなるとは限らないから、聞いてもらえないのです。

環境問題にかかわっていても、こうしたケースにたびたび出会います。すでに述べたように、主義としては優れているリデュースを形にする手段は、容易には見つかりません。それで、次善の策として、当面はリサイクルで我慢となるのですが、それでも人vs.人の関係性を大きく変えるのは、「言うは易く、行うは難し」で、水俣市のような市民が協力する分別収集システムは容易にできません。それを見て、「だからリサイクル（という主義）ではダメだ。製造中止すべきなのだ」と強調する人が、市民活動している人の間にもかなりいます。

たとえば、こんな経験があります。大阪府箕面《みのお》市で行われた、市民が実質的に（名目は市）主催するペットボトル問題に関するパネルディスカッションに出席した私は、他市では十分にできていないスーパーでの店頭回収システムを箕面市がつくっているのを高く評価しました。すると、発言の途中で予想外の批判を受けたのです。

「ペットボトルは生産中止にしたほうがよい。箕面市の取組みをほめると、生産中止を求める運動が弱まり、かえってまずい」

一人がこう言うと、数人が拍手しました。

市民運動でも、運動体内部に理念派と現実派の対立が生まれ、折り合いがつけにくくなるものです。焼却工場建設反対運動では、住民はたいてい絶対反対と主張し、看板を立てたり抗議行動をします。ところが、外部の人から見れば、(施設はどこかに必要と思っているので)無理な主張に聞こえるし、「絶対反対」という気持ちを強く表現する手段の「看板を立てる」「デモ行進をする」という行為では、絶対反対という主義を形にできにくいと思います。ゴルフ場反対運動から生まれた立木トラスト(地権者の土地の木々を一本ずつ建設に反対する人びとに買ってもらい、立木権者を増やす)のような有効な手段でもあればよいのですが、こうした手はおいそれとは見つかりません。

有効な手段がなくなると、どうなるでしょうか。どこかで「名」(主義)もしくは「身」を捨て、次に活かせる「実」(手段)を残すか、「名」を残し、「実」を捨てるか、決断を迫られるのです。多くの場合、前者を重視する現実派と後者を重視する理念派が対立状態になり、容易に妥協できません。

理念派は、間違いのない理念を捨てることは、①「自分＝身を捨てること」と同義であり、②「世の中が悪くなるのにつながる」と解します。そして、理念の再確認を迫り、うまくいかない要因を構成員のやる気や実務能力の有無の問題にしてしまうのです(理性モデルを描いているため)。しかし、有効な手段は見つからず、現実派から「将来の悪い状態を心配するより、目の前をどうするかが先決だ」という批判を受けます。

一方、現実派は、理念の正しさを否定しているわけではありません。有効な手段の有無を問題にしています。ところが、理念派から理性モデルからのズレが拡大したヨワイ・バカな人と批判されるので、両者の関係性は悪くなり、運動は下り坂を転げ落ちがちです。

「名」「身」「実」の有機的関係を知ろう

両派がうまく折り合いをつけるのは、「言うは易く…」で困難ですが、以下の二点に留意しておくと、対立状態は緩和されるでしょう。

ある段階で「名」を捨てざるを得なくなっても、必ずしも「身」を捨てることにはならないと気づくことです。ブリは出世するにつれ「名」が代わるし、商家では跡を継ぐため、「身」は一つでも「名」を変えます。形にできなかった「主義」は、「看板」にすぎません。書き換えるのがイヤであれば、強く主張したい気持ちを我慢し、床の間に飾り、将来「実」を取れる手段を残すことに腐心すればよいのです。すると、「看板」を再び表に出せる可能性が残ります。

『忠臣蔵』の大石内蔵助や伊達騒動の原田甲斐も、参考になります。内蔵助は、監視が強く、有効な手が見つかりにくいとき、一時（と言っても一年程度）「名」を捨て、京都・伏見で遊びましたが、「身」を捨てたわけではありません。後に「実」を取り、「身」は捨てたものの「名」を残しました。

甲斐は、伊達家の「名」を残すために、「乱心」(したふりを)して政敵を斬り、自らも殺されます。つまり、「実」と「身」を刺し違えるという非常手段を取ったのです。その結果、自ら「名」を汚したものの、後に山本周五郎が『樅の木は残った』で「名」を回復させました。

このように主義と手段は、「名」(看板)ないし「身」(自分)と「実」(成果)に有機的につながっています。だから、その関係をよく知れば、「禍《わざわ》いを転じて福となす」可能性を残せます。

市民運動のなかで経験した三つのケース

①ダイオキシン対策の大型焼却炉建設

厚生省はダイオキシン対策の一環として、二四時間連続してごみを焼却できる炉でなければ実質的に新設できないという政策を採用しました。ダイオキシンは炉の昇温・降温時に発生しやすいからです。その結果、人口一〇万人未満の市町村が使っていた八〜一六時間焼却するバッチ炉・準連続炉は新設できなくなり、広域化して少なくとも一〇〇トン程度のごみを集める必要性が出てきました。

よそのごみまで一カ所で焼却するのには抵抗があるし、大きな炉を造ってしまうと、ごみが減ると困ることになり、ごみの減量化に反するという矛盾が生じます。それを心配して、厚生省のこの政策を「焼却主義」と捉え、焼却主義反対と主張する人たちがいます。私も同様の心配をしていますが、厚生省はリサイクルや減量を標榜し、それなりの手段も講じてきました。リサイクル主義・ごみ減量主義をとってきたと思います。大型炉政策はダイオキシン削減の一手段であり、主義ではないので、やむを得ない措置だというのが私の考えです。

しかし、焼却主義と捉える立場の人は、こう反論します。

「リサイクル主義やごみ減量主義なら、ダイオキシンを減らす手段としては塩化ビニールの製造・使用禁止政策を採るべきである。それを採用せず、大型ごみ焼却炉を造ろうとするのは、焼却主義の表れであり、リサイクルを本気で考えていない証拠だ」

主義と手段が表裏一体になっていることに気づかなかったころの私は、自分の立場が正しく、相手の主張は間違っていると思い込んでいました。塩化ビニールの製造・使用禁止などという非現実的な主張をする人とはつきあえない、ということになったでしょう。しかし、非現実的な手段に見えるか否かは、立場によって違います。非焼却主義の立場に立つと、厚生省は「さぼっているだけで、ホンネは焼却主義」に見えるのです。この種の論争は水かけ論になり、決着はつきにくいことを悟った私は、「さぼっている」か否かなど理性モデルにもとづく評価はしない原則を立て、この論争をうまく棚上げする時期を探ることにしました。

②安全な食べ物を共同購入する運動

自分たちで生産者を見つけ、集荷し、グループごとに地域分けして、ある一軒の家に届け、そこへ一〇人程度の会員が取りにくるというシステムでスタートしました。最初はうまくいきましたが、時代が変わり、働きに出る女性が多くなり、届けられた農産物を管理する人がいなくなるなどのため、だんだんうまくいかなくなっていきます。

そのとき、いわゆる現実派は、一戸一戸の家に届ける宅配制度を提案しました。一方、理念派は、それでは人と人のつながりが切れ、民間の宅配システムと変わらなくなり、会の存立意義がなくなると反対。膠着状態になりました。どちらも主義と手段の関係など整理したことはなかったので、よくある理念派と現実派の対立になったのです。

この論争を主義と手段の関係性という観点から整理してみましょう。どちらも有機農産物主義で、会員の関係性重視主義でもあるので、お店から買わずに、共同購入に参加しました。理念派はグループで農産物を受け取るという手段でこそ関係性重視主義が実現すると思い込んでいるので、宅配システムに反対します。しかし、それに代わる手段を提起せず、関係性重視主義の大切さを訴えるばかりです。一方、現実派は、宅配という手段でも、関係性重視主義は維持できる可能性を示さずに、「理念の大切さばかり言っても、現実は変わらない」と主張するので、膠着状態を打破できません。

双方の論争を聞いていた私は、実態をよく見ながら、主義と手段の関係を整理しました。

「忙しくて受け取りに行きづらい人が多くなると世話役が大変で、かえって関係性が悪くなる恐れが強い。理念派は、出会う時間の長さに比例して関係性が深まると思っている。だが、同じ屋根の下にいる夫婦で、しょっちゅう顔を合わせていても家庭内離婚があるのだから、関係性は会う時間に比例して強くなるとは限らないのではないか」

これを契機に、双方が妥協する気配になります。そして、宅配システムに変えるが、関係性を維持・強化すべく、グループの代表は各種会合などに積極的に出席するという方向で解決しました。

③食用廃油の回収をめぐって

理念派は、「使い切るべきであるから、回収すべきでない」と主張、現実派が「そうは言っても捨てられる油を見逃せない」と主張し、膠着状態になりました。当初、両派は、使い切り主義とリサイクル主義の優劣を論争しましたが、どちらにも一理あり、妥協できません。しかし、両派とも食用油は大切に使うべしと思っていますから、より一般化して、資源有効利用主義の両派が目的を実現する二つの手段をめぐって論争していると捉えられます。

食用廃油を使い切るには、揚げ物に使った油を炒め物をする際に再利用します。しかし、天ぷらやフライの回数と炒め物の回数は比例すべし、とは言えません。一回に使う量も違います。使い切るのは非現実的になる人もけっこういるのです。こうして妥協でき、回収することになりました。

3　因果と縁・報――人vs.モノの関係と、人vs.人の関係は？

因と果が結びつけられる物質系の学問

ある著名な数学者が、社会現象は数学と違い本質を見極めがたいとして、不景気を例にあげていました。原因を整理すると、①バブルの後遺症、②規制緩和の遅れ、③超低金利や株式低迷による購買

意欲の減退などさまざまに指摘されているが、情報過多でどれが真因かわからないというのです。(6)

何か社会問題が起こると、識者が登場して原因を整理し、そのなかから要因を探し、対策を語る光景が一般化しました。この数学者のように、どれが真因かわからないと正直に言う人は珍しいです。それは、多くの市民は、真理を探究している学者なら真因がわかると思っているからです。しかし、その認識は、物質系の学問には当てはまるものの、人間系の学問にまでは拡大できません。

物質系の学問は、「物質は最小構成単位である複数の粒子からできあがっている」という要素分割主義を大前提にしていると聞かれた方が多いのではないでしょうか。しかし、これも一つの主義であり、正しいと証明されたとは言えません。まだ分割が続き、最小単位はどんどん小さくなっています。私が学生だった六〇年ごろは、基本粒子は電子・中性子・陽子などでした。現在ではもっと細かくなり、高い費用をかけて、これらの粒子があるかないかとか、重さがあるかどうかなどが調べられています。

ただし、私たちの日常生活に影響があるのは、原子爆弾・原子力発電所などの仕組みを理解するのに必要な電子・中性子・陽子のレベルの分割で十分です。これらの基本粒子が組み合わさって目の前にある鉄やアルミニウム、炭素、水素などの分子ができ、それがまた組み合わさってプラスチックや人体などができあがっていると捉えると、たいていの現象の因と果が結びつけられます。逆に言えば、物質系の学問は要素分割主義が成り立つ現象のみを扱ってきたために、因と果の関係を見つけられ、見てきたかのように自然の仕組みを語ることができるのです。

一つの因から矛盾する果が生み出される人間世界

一方、人間世界の現象の因と果まで識者に尋ねようとするのが「無い物ねだり」であることは、以下の事例からわかります。

自然が豊かな地方の町に住む会社員の中学生の娘さんが、不登校になりました。夕餉の団らんにも心がけていた父親は「我が家は大丈夫」と思っていたので、最初は無理に登校させようとします。しかし、行けないようなので、原因を探ってみると、イジメられている事実がわかり、先生に善処を求めました。

学校側は調べたけれど、イジメていると名をあげられた生徒は泣いて否定するし、本人は元気に振る舞っている様子なので、イジメはなかったと判断。校長先生が彼女を呼び、「おまえは怠けやな」と諭したところ、ますます症状は悪化してしまいました。団らんがあると不登校は起こらず、校長が諭すと生徒は反省して登校すればドラマになるのですが、現実は違うようです。

結局、犯人探しをしても虚しいと悟った父親は、同じ問題に遭遇している親の集まりに参加する道を見つけます。そして、カウンセラーから「不登校に至る原因は複雑ではっきりせず、原因探しは意味がない。親の気持ちが落ち着かなければ、子供の気持ちも安定しません」と言われ、自分と娘の関係を振り返る大切さを気づかされました(7)。

矛盾のない理屈で構成される数学や物質の世界では、因と果の関係が一義的に決まります。だから、ある果をもたらした原因が複数あっても、どれが本質的なものか見極めやすいのです。一方、人間世界では、一つの因から相矛盾する果が生み出されることが常態です。逆に結果から原因を推定しても、どれが真因や本質的な要因かは決めにくく、学者に尋ねても徒労に終わるし、「犯人探し」は虚しい結果を招くだけになります。

因縁果報関係で動く人間世界

その理由は、人間世界では、情報の多寡ではなく、因と果の間に縁が入り、果の後にまだ報が続く、因縁果報関係で動いているからです。この関係は、主義と手段について述べたことの言い換えでもあります。自分が主体的に用いた手段は、作用因という言葉にあるとおり因になり、新たな主義という果が生まれ……というように連綿として続き、関係性を複雑に変えていきます。

「因」「縁」「果」「報」という言葉は、ずいぶんと日本人の心を捉えました。「因縁」「縁起」「果報者」をはじめ、「親の因果が子に報い」とか「因果応報」など、生活に密着した言葉になっています。人の道を説く宗教から生まれた言葉であるからか、善悪と関連して使われる場合が多いものの、人間社会のありさまを説明する言葉ですから、善悪を捨象しても通用する用語です。九九年に東大寺の管長になった上司《かみつかさ》永慶さん（二〇〇〇年六月に逝去）は、縁起＝共生＝相互依存であると語っていました。(8)

「風が吹くと、埃《ほこり》が目に入る」から出発して、最後に桶屋さんに到達する有名な諺は、一見無関係に見える人間社会のいろいろなできごとが互いに関連し合い、つながっていることを、わかりやすく説明してくれます。このようなつながりの様子を簡潔に表現すると、仏教用語の「縁」になるそうです。縁とは、関係もしくは条件という意味で、条件が合うと一見関係なく見える風と桶屋がつながり、「事実は小説より奇なり」という人智では量りがたい関係が生まれる（起）ので、縁起＝共生＝相互依存となるのでしょう。

また、「果報は寝て待て」という諺からは、「報」の意味を学べます。よい「果」を生み出しても、有頂天になったり油断をするな、「報」とは「果」が与える影響であり、悪い「報」もあるから寝て待つほうがよい場合もあると説いています。「人間万事塞翁が馬」「一寸先は闇」「同じ轍《てつ》を踏まない」という諺が示すとおり、人間世界の現象は再現性がほとんどありません。「報」は予測しづらいのです。実際、坂本竜馬やリンカーンは、歴史的に大きなよい果をもたらしたけれども、立場が違う者には悪い果であるので、恨みをもつ者を生み出し、暗殺されるという「報」が生じてしまいました。

「卵が先か鶏が先か」も含めてこれらの諺から、「因」「果」「報」は、「縁」を媒介に連綿とつながるので、始めと終わりもきわめて決めにくくなり、原因や本質は容易に求められないことを学べます。原因か否かは問題発生の因をどこまで遡るか次第で変わってきますし、本質か否かは複数の因の関係性次第です。根本的に問題を捉え、本質を見極めてから行動しようとすると、延々と話合いが続き、結局は行動できなくなるという矛盾が拡大します。たとえば、環境問題の本質的解決の議論を重ねていくと、人間の存在そのものが原因ということになり、人類の滅亡が解決になるという、およそ意味のない結論になるのです。

また、哲学者の黒崎政男先生は「自然現象や社会現象の根底に潜む法則を解明して、それを利用して予知、制御、支配するという近代の発想自体が、今や崩壊している」として、簡単な数式で表せる生物の個体数予測でさえ結果はランダムで、一定の傾向はないという例を示しています。(9)

縁を媒介に、果と自分の関係を見る民際学

各自が原因や主因を求めることは大切です。しかし、過去のさまざまな因がもたらした報は一人ひとりで違うから、求まったとしても、その人にとっての原因や主因にすぎません。先達は、それを「因」「縁」「果」「報」という簡潔な用語のなかに残してくれました。

これを忘れてしまうと、自分が原因や主因と思うことが他の人もそうであるにちがいないと思い込み、「犯人探し」に陥ってしまい、気まずい思いだけが残ってしまうのです。他の人はどうであれ、自分が原因や主因と思うものがわかったら、自分なりに解決をめざせばよいのであり、だからこそ身近な人との関係性のあり方に関心をもつことが大切になります。

ところが、私たちは物質文明の発達に貢献した西洋生まれの科学思想の影響を受け、人間世界も因と果が一対一でつながり、始めと終わりが容易に求められ、自分の心と無関係な客観的な原因や主因があるかのように思っていました。そのうえ、これまでの学問は、果と自分の関係性を棚上げしたまま因を求めます。それで、他人に責任を求めがちになり、授業離れなどでは学生が〝犯人〟に見えてしまうのです。

民際学では、対象全体を「予知、制御、支配」できる理論創りを目標にするのではなく、二人の関係性（縁）の改善・創造を学問の目標にします。目の前の学生との縁を媒介にすると、果と自分の関係性が見えやすくなり、程度の差はあれ自分にも責任の一端があることが自覚できます。

4　矛盾する二つの裁量

裁量とは相矛盾する性質の境界線を引くこと

一一ページで紹介した平川さんの裁判は負けました（第4章参照）。大阪高等裁判所の裁判官は、以下のような理由だと述べています。

「大阪市は、収集業者が事業系廃棄物を市の施設に持ち込む際に支払う手数料を条例で決めている。だが、いくら割り引くべきかについては市長が決めてよいことになっており、条例に割引率は記載されていない。これは、『手数料の額の決定に際しては、いろいろな観点からのきめ細かい行政上の配慮が必要とされるため（中略）議会から広範な裁量権を授与されたものと認めることができる』からである。

市長がもてる広範な裁量権が、その許容範囲を超え、逸脱または濫用による違法があるか否かを調べる際、裁量権の幅（具体的には割引率）が適当かどうかは、外部の裁判所がチェックするべき性質のものではなく、議会がチェックするべきである。裁判所は、社会通念上著しく妥当性を欠く結果が生じているか否かで判断する。他市のごみや産業廃棄物が入っているという証拠はあるが、どの程度入ると『社会通念上、妥当性を欠く』量かは不明であるし、多量に入っているという証拠も根拠が不十分で認められない。したがって、大阪市の措置は裁量権の逸脱でもないし、濫用とも言えない」

この判決のキーワードは、「裁量」でした。裁量とは「自分の意見によって判断し処置すること」（『広辞苑』）ですから、議員や市長だけでなく、私たち一人ひとりも生活や仕事のなかで行う政治的判断です。政治家が問題を取り上げると「政治問題化した」と書く記者もいますが、それは「政治」を非常に狭く解釈しています。

ごみ処理料金の決定については、「いろいろな観点からのきめ細かい行政上の配慮が必要とされるため」市長に委ねられています。「いろいろな観点」のうち、収集業者の零細性に配慮して、搬入料金を大幅に割り引いたのです。しかし、それは、公認のごみ処理施設へ非常に安くごみを持ち込める権限を収集業者に与えることでもありました。これが既得権益化し、違法ごみを大量に集めやすくする恐れまでは見通せず、問題がこじれてしまったのです。

市長が広範な裁量権をもち、市民のための行政を行ってくれると、市民は依存しっぱなしで楽です。しかし、市政に関する関心が薄れ、結局は市民のためになりません。一方で、行政には任せられないから、市民が自主的にやらねばならないという立場に立つと、市民の仕事が増えて大変です。すべてやり切れるわけでもありません。表裏一体で共存している依存心と独立心の線引きは自分で行っていますから、ある問題が起きたときに行政だけの責任と言うわけにはいかないことがわかります。

裁量の幅は関係性次第で伸縮する

病気は、症状が重くなってくると自覚できます。しかし、因は専門知識や測定器がないとわかりません。それで、医者に行き、診察を受けて因を推定してもらい、治療を受けるのです。つまり、病気か否かの線引きは客観的データではなく、総合的・感覚的判断が先行しています。

この判断は曖昧さを含み、決して論理的ではありません。それは症状が軽くなるとより明確になり、客観的データでは病気と判定されても、総合的・感覚的には「何ともない」場合がけっこうあることは、集団検診などで経験するでしょう。逆に、自覚症状があるのに、データでは「何ともない」と判定されることもあります。症状が軽くなると、病気とも言えるし健康とも言えるグレーゾーンが幅広く存在し、論理的にどちらと決めにくいのです。

そのうえ、この幅は医者への信頼感によって変化します。「何ともない」と言われても、信頼していなければ病気の側に入れてしまい、逆であれば健康の側に入れるのです。次章で詳しく述べますが、安全と危険の境界も科学的に判断できません。専門家と市民の関係性次第で幅は変化します。すなわち、裁量の幅は関係性次第で伸縮します。

私たちは、相矛盾する性質の境界を自分で引き、それは各自で違うから幅ができることに気づいてきませんでした。だから、たとえば水俣病の患者さんは、認定を受けるにあたってつらい思いをせざるを得なかったのです。他の因でも現れる感覚障害や運動失調だけでは、水銀という因による果であるとは認めてもらえず、より重い症状があることが要件となっています。これは、医者という科学に詳しい人が決めた科学的判断だと思っていたので、私たちは不満をもちながらも、仕方ないと思わざるを得ませんでした。しかし、水銀の影響があっても軽症の場合、感覚障害や運動失調の症状にとどまるケースもあります。したがって、この要件は、決して論理的に矛盾のない科学的判断ではなかったのです。

九八年から、複数の学者による、水銀で汚染された地区とそうでない地区の間での感覚障害の発症率の差を調べる疫学調査結果が報道されるようになりました。[10] するとと、少なくとも一〇〇倍以上の差がある複数の事例があったのです。この結果を見れば、汚染地区で感覚障害を訴える人の大半は水銀に因るものであると結論しても、それを論理的でないとか「非科学的」と言う人はいないでしょう。これまでの要件は科学的判断から決められたものでなかったことがわかります。

しかし、一方で、感覚障害だけでは個々の患者さんの因が水銀か否かの科学的判定が不可能なこともまた事実です。結局、水俣病か否かの論理的線引きは、現在でもできません。境界は不鮮明で幅があり、専門家であっても、線引きを論理的・客観的に行えるわけではないのです。やはり自分の主観を入れた総合的・感覚的判断を先行させざるを得ません。

専門家と市民の関係を変えていこう

水俣病以外の病気にも表れる症状を選択基準にすると、水銀が因とは言えない人が混じる割合が高くなります。それを許容するか否かという政治的判断を専門家は迫られていたのであって、因と果の関係をつける科学的判断を迫られていたのではありません。疫学調査を行い、その調査結果を利用すれば、水銀が因の人と因でない人との割合がわかり、線引きを実態に近づけられます。にもかかわらず、それを怠ったまま線引きしたために、水銀が因の疑いが強い人でも排除してしまう、政治的判断をしていたのです。

残念ながら、報道された新聞記事では、この線引きは、専門家からデータさえもらえば市民でもできる政治判断なのだということが強調されていません。それは、記者も病気か否かの線引きが科学的（論理的）にできると誤解しているからでしょう。安全性だけでなく、相矛盾する性質の線引きを専門家任せにするべきではありません。市民も参加して、専門家に任せる部分と市民が担うべき部分をよく学習し、専門家と市民の関係性を変えていくことが大切になります。

5　住民・市民運動とＮＧＯ・ＮＰＯ

七〇～八〇年代には住民運動・市民運動と呼ばれた市民活動が、最近はＮＧＯ・ＮＰＯと呼ばれ始めました。私のように古い世代は横文字で言わなくてもよいと思うのですが、拒否する前に意味を調べてみると、日本の市民運動の弱点と、その改善策が見えてきました。

最初、この言葉を聞いたとき、二つの疑問が生じました。自分たちの活動を「NON」という否定語で表現することと、同じ活動なのに二つの用語があることです。NGOとは「Non Governmental Organization」（非政府組織）の略語だから、政府活動でないことを表し、NPOとは「Non Profit Organization」（非営利組織）の略語だから、営利目的の活動ではないという意味で、どちらも否定語から始まります。

境界をはっきり定められない問題がある

営利目的の企業活動にしろ、公平性を追求する政府活動にしろ、それぞれの活動を定義して、範囲を定めておかないと、肥大化しがちになります。しかし、一方で、すでに述べたように、相矛盾する性質の境界を客観的に引くことはできません。定義して範囲を確定すると、イジメ・ごみ・老人問題など関係者の主観のありようで境界が動く問題では、一度決めた範囲から漏れ出る人やモノが出て、たらい回しにされたり放置されるという矛盾が派生するからです。

たとえば、ごみと再生資源の境界は客観的に引けません。それで、不要品を処分するときは便宜的に、お金を支払うとごみ、お金をもらう・もしくはただであると再生資源と区分けしてきました。しかし、両者の境界は時代・地域・収集量・異物の混入割合などで動くので、古新聞や古雑誌は、ごみになったり再生資源になったりします。ごみを管轄するのは厚生省ですが、再生資源になると別の省庁の管轄です（モノによって違い、たとえば古新聞・古雑誌は通産省）。同じモノがごみになるか再生資源になるかで管轄する省庁が変わると、責任ある行政ができにくくなります。

二〇〇〇年四月から始まった介護保険でも、家事援助と身体援助や、申請者の家事と家族の家事の境界が客観的に引けないという矛盾が表れています。費用の安い家事援助を申請した家庭に、介護員が行ってみると身体援助や家族の食事を作る依頼をされる、などのケースです。

このように、私たちの身のまわりには、境界をはっきり引けない問題がけっこうあります。はっきり定義できる問題は、企業や行政に任せ、市民は、そこから逸脱しないように見守ればよいでしょう。しかし、境界をはっきり引けないが大切な活動は地域住民が担ったほうがよいというのが、「NON」の意味だったのです！

国・企業の構成員という自覚の有無

日本の多くの住民・市民運動は、行政や企業の活動と市民活動を対立的に捉え、それらの「悪」を外から糾す、いわゆる告発・要求型の運動が大半でした。一方NGO・NPOは、行政・企業・市民の三者は互いがつくる組織体の一構成員として、役割分担や活動の境界を定めようという、参加・創造型の組織体です。

市民と行政は、市民が政府をつくり、政府にコントロールされる行政が市民とつきあう関係になっています。市民と企業は、市民が出資して企業を興し、経営者がモノやサービスを提供し、市民がそれを評価して買うという関係です。そして、行政や企業に勤めている人も、地域に帰れば市民に戻るのですから、三者は外vs.内という単純な関係ではありません。互いに複数の組織の一構成員になる、入り組んだ関係になっています。

私も理性モデルを描きながら運動をしていたころは、一構成員という自覚がないまま、外の行政や企業の問題を追及していました。このモデルを描くと、自分は理性的に振る舞っているように見えるので、一構成員として背負わざるを得ないさまざまな矛盾を棚上げして、相手を責められるからです。この自覚があるかないかで、大きな違いが生まれます。

①政治家のチェック――市民vs.政治家の関係

私も投票後は誰に入れたか忘れがちになるし、投票した政治家が実際に何をしているかチェックしようとしませんでした。たとえばイギリスのように、「女王陛下の反対党」との自覚がある候補者と具体的政策を話し合い、投票後も見続ける習慣がかなりある欧米とは、大きな隔たりがあります。

②重荷をともに背負う――市民vs.行政の関係

市民団体などが求める企業に厳しい政策は、行政vs.市民・企業の関係性を大幅に変える必要があるので、有効な手段が見つかりにくく、容易に着手できません。あえて行政の担当者がそれを実行しようとすると、たいてい担当をはずされます。一構成員としてこの矛盾をともに解消する姿勢で臨まないと、「無い物ねだり」をすることになります。平川さんと取り組んだ「やみごみ」解消問題は、大阪市の職員が背負った困難な矛盾をともに解決できた事例です（第4章参照）。

③お客様はどちら？――市民vs.企業の関係

市民団体などが求める企業に厳しい政策は、多数派の市民の支持を得られないどころか反発を招く可能性もあるので、容易に採用されません。コカ・コーラ社の環境担当者が、箕面市でのシンポジウムで「中味を売りたいから、容器はビンでもかまわない。ただし、中味を買ってくれないペットボトル嫌いの少数の消費者より、買ってくれる人の選択を大切にするのが、経営の根幹だ」という趣旨の発言をしました。自分の身のまわりにいる多数の市民との関係性を棚上げしたまま、企業の悪口を言うと、このような反論をされてしまいます。

この矛盾を解消する途も、やはり一構成員として問題にかかわることであるとNPOの思想は教えてくれます。対企業の場合、従業員になる以外、一構成員の行動として何が位置づけられるのか、私は長い間わかりませんでした。しかし、資本主義を生み出し、発展させた欧米では、一構成員としての責任を果たそうとする文化が根づいています。買い物をする、株主になるなども、重要な行動として位置づけられるのです。

④PRは宣伝でない――消費者vs.生産者の関係

私は、PRを企業のいいことばかりを紹介する「宣伝」と解していました。しかし、龍谷大学の社会人大学院コースに来ていた元マスコミ勤務の院生から、「PRはPublic Relationsの略で、公的関係を築くための手段である」と教えてもらい、びっくりしたものです。本来の意味は、企業と市民がよき公的関係を結ぶことでした。

多くの市民団体は、そうした理解がなく、企業を外から批判する発想で、企業関係者とつきあってきました。企業側は、たとえば石けんを店頭に置いてもほとんど売れなかった経験をしています。だから、スーパーなどの店頭でともに再生紙普及活動を行える状況になったとき、市民団体が呼びかけたほうが効果的ではないかと考えました。それに応じた市民団体もありましたが、一方で「企業のお先棒を担がされるのはイヤ」という市民団体もけっこうありました。ＰＲを、公的関係を築く手段でなく、宣伝と捉えているため、企業のやるべきことをやらされると解釈するからです。

私たちは日常生活でよい商品に出会ったとき、友人や知合いに口コミで〝企業に代わり宣伝〟するし、逆に不祥事を知った場合は、〝誇大に悪宣伝〟をしています。それらを私的でなく公的な場で行うことがＰＲであると解釈できると、「お先棒をかつがされている」というわだかまりや「悪口を言えなくなる」という懸念は、解消の方向に向かうでしょう。

そして、公的な場で企業側をほめたり悪口を言おうとすると、私的に噂などをもとに評価するのに比べ、しっかりした根拠が必要になります。それなしに企業と交渉しても、企業側は市民団体を消費者の「代表」と認知してくれず、小さなグループの「代表的」意見を聞くだけです。実際、よいモノを置いても売れないし、不買を呼びかけられても売れるからです。市民団体が消費者を「代表」できるかどうかは、企業側といかなるＰＲを築けるかによります。

⑤株主としての自覚

株主としての自覚から、アメリカでは企業の環境憲章が生まれ、ヨーロッパでは環境監査制度が生まれています。エクソン社のタンカー、バルディーズ号がカナダ沖で座礁し、原油が流出した事件のニュースを見たとき、私は「大企業がまた環境を汚染し、困ったものだ」としか思いませんでした。しかし、アメリカの市民団体は、株主としての責任を果たそうという発想で問題に取り組み、環境政策の基本になる原則（バルディーズ原則）の採用を働きかけ、成功させたのです。[11]

これを知ったとき、株主は株の値上がりしか待たない存在だとイメージしていた自分の発想の貧しさに気づきました。市民団体だけでは持ち株は少ないから、企業は言うことを聞きません。年金基金などの大株主が市民団体の提案に賛成したので、エクソン社も譲歩したようです。私も健康保険や年金を拠出し、積み立てていますが、その運用にまったく関心がなく、任せっぱなしになっています。その大きな違いにびっくりしました。

日本でも七〇年代に一時、一株株主運動が広がりましたが、企業を追及する手段に使っただけなので、発言できる単位株数を上げられ、有効性を失いました。その後、構成員の責任と義務を果たすという発想から株主オンブズマンやグリーン・コンシューマーの運動が広がり始め、欧米に追いつきつつあるようです。

また、企業に対する金の出入り面からの評価に会計監査制度があり、公認会計士がその責任を担っています。しかし、日本では形式的な監査にとどまり、粉飾決算を了承してきました。バブル崩壊にともなう企業倒産の責任をめぐって、ようやく会計士の責任が問われ始めていますが、環境面からモノの出入りを評価する環境監査制度を発足させたヨーロッパとは大きな違いです。企業の構成員でもあるという自覚をもっていれば、問題と自分の関係性が見えやすいので、こうしたシステムがつくりやすいと思います。

⑥身のまわりの市民との関係性を変える

市民団体vs.一般市民の関係を見ると、政治・行政や企業との関係性を変えるためには、身のまわりにたくさんいる市民との関係性の改善が先決であることがわかります。

日本では、国会議員から市町村議員に至るまで、政治家になると、市民団体や識者・マスコミが期待するような、政策の実現はおろそかになります。企業が提出する許認可事項のスピードを速くする、葬式・忘年会に出席する、交通違反をもみ消しする、果ては住民票の取得を代行するなど、いわゆるドブ板政治をこまめにやったほうが、次の選挙で当選しやすいからです。このような現実を生み出しているのは、身のまわりにいる多数の市民にほかなりません。

同時に、少しでも安い便利なモノを要求する市民の声に応えるべく、行政や企業はシステムを創り、物質的に豊かな社会が実現しました。一方で、市民が考える必要性を少なくし、行政・企業との関係性を希薄にするいう矛盾も生み出しています。社会問題と自分との関係性は、見えにくくなってしまいました。

市民団体の役割は、行政や企業の一構成員として、政府・行政・企業との関係性を再編し、その成果を一般市民に還すことだと思います。日本でもようやく市民が自らの力で市民派の議員を生み出せるようになってきたので、今後は遅れを取り戻せそうです。

リンカーンが言った民主主義の三原則「of the People, by the People, for the People」の「of」は、「の」と訳されます。私は意味がよくわからず、暗記していただけでしたが、目的を指すのだから「対象にした」と訳すほうがわかりやすいと先輩に教えてもらいました。民主政治とは、お上が私たちを統治するのではありません。私たちが自分たちの仲間を統治するのです。私にも多くの市民団体にもこの自覚がなかったので、仲間同士で律し合う関係性を創りにくかったのだと改めて感じました。

内部でも外部でもないポジションがよい場合がある

私の大阪大学の後輩にあたる中田厚仁さんが国連ボランティア活動に参加し、若い命をカンボジアの地に還したことを覚えている人は多いでしょう。彼は国連の正規の職員ではなく、国連と対立する市民団体に属していたわけでもありません。国連ボランティアとして登録された選挙監視員です。このようなポジションでの活動は、ロビー活動と呼ばれます。ホテルなどのロビーで宿泊する人としない人が交流するように、正式会員と準会員がなかば公的、なかば私的に交渉します。

政治的要求がある場合、日本では一般的に、素人の市民や業界関係者が政治や行政の専門家に陳情します。しかし、新聞を見ていると、アメリカでは、このようなロビイストが素人に代わり、職業的に政治家や行政関係者と交渉して政策を実現していくのが普通のようです。欧米でこのようなロビー活動の必要性が認識されたのは五〇年以上前だと知ったとき、私はびっくりしました。国連ができた一九四七年に制定された国連憲章に、国連ボランティアは位置づけられているそうです。(12)人間がつくった組織は、堕落するのは不可避です。内部に入ると、問題が見えにくいし、甘く見がちになります。そのうえ、気づいても言い出しづらいし、会計検査院や行政監査制度のように、形骸化し、問題に有効に対処できません。一方で、外部からだと実態がよく見えないから、よりよい解決手段が見えにくくなり、理性モデルにもとづく批判や提言しかできません。

この矛盾を解消するには、内部でもなく外部でもないポジションがベターです。プロジェクト中心のロビー活動なら、一つの問題が解決されると別のプロジェクトに切り替えられるので、時代と場の状況に応じて臨機応変に対応できます。すなわちＮＧＯ・ＮＰＯは、市民vs.政府・行政、市民vs.企業の（相矛盾する性質の）境界が時代とともに動き、幅が伸縮するのに合わせて柔軟にコーディネイトする、潤滑油の役割を担う組織なのです。

私が反政府活動に初参加したのは、六〇年安保闘争です。それ以来、市民活動は政府の「悪」を外から糾すものという視点しかもちませんでした。戦後すぐに、政府と市民は対立すべきものではなく、活動領域の線引きの問題であると知っていた欧米人の先進性との落差は、相当に大きいと思います。日本でそうした考え方が紹介されたのは、八〇年代後半であり、人間系の学問の遅れは否めません。それが尾を引き、日本のＮＧＯが環境問題の国際会議でロビー活動をしても、公式代表の学識経験者や政府関係者にうさん臭い目で見られるそうです。一方で、欧米のＮＧＯと公式代表との関係は、友人もしくはよきライバルの関係と言われています。

儲けをどう利用するか

介護保険制度が二〇〇〇年四月から始まり、かなりの企業が関心を示すなかで、営利目的の企業に任せるとうまくいかないのではと心配する市民も多く見られます。しかし、何がどう悪くなるかはっきりは言えないので、「禁止して」とも言えません。このような迷いが生じるのは、営利活動と非営利活動の線引きが客観的にできないからです。

日本では、扱う資金の多少で線を引いてきました。多額の資金を扱うと心が汚れがちになると心配したからでしょう。その考えは行政にも浸透していて、市民会館などを借りて集会をし、本を売ろうとすると、営利行為と解されます。その結果、止めるか使用料を企業並みに支払うかの選択を迫られます。講演者の本ならよいなど多少の譲歩もありますが、原則が変わったわけではありません。

いわゆるボランティア団体も、生協・農協・病院・学校・宗教団体・労働組合などの大きな組織も、社会貢献を第一目的にする団体です。にもかかわらず、私は両者を同列に並べて見てきませんでした。そのため、こうした組織の経営者が高給を取ったり着服した場合、「坊主丸儲け」「医は算術」など、理性モデルにもとづく人格批判にとどまってしまったのです。組織構成や運用の原則と関連させた、具体的改善策の提案は、できませんでした。

しかし、ボランティア活動でもけっこう資金が必要な時代ですから、線引き基準を見直したほうがよいとする人が増えてきました。欧米のＮＰＯは、扱う資金の多少ではなく、次の二つの基準で営利活動か非営利活動かの線引きをしてきました。

一つは、出資に対する配当があるか否か。事業をするには初期投資が必要なので、有志が出資します。儲けが出た場合、配当があるのが営利事業で、ないのが非営利事業だと考えるのです。欧米ではグリーンピースなど年間何十億もの資金を動かすNPOが数多く存在します。

もう一つは、儲けをどう使うか。儲かった場合、幹部の給料が上がるのが営利事業で、上がらないのが非営利事業という原則です。営利事業はお金儲けが第一目的であるのに対し、非営利事業は社会貢献が第一目的ですから、事業がうまくいっても、儲けを経営者の懐に入れず、事業にまわすのが当然となります。

優れた主義が優れた手段を生み出してくれれば社会貢献事業は成功しやすいのですが、すでに述べたように、必ずしもそうはなりません。逆の場合もけっこうあります。その矛盾を緩和するには、扱う資金の多少を原則とするより、戻るお金と儲けの使い方を原則とするほうが、優れた手段だったわけです。

6　能率と効率を区別しよう

混同される能率と効率

山陽新幹線でトンネルのコンクリート壁が落下するなど、コンクリートの安全性が大きな問題になりました。コンクリート水増し事件の場合は、適量以上の水を追加すると、粘りが少なくなって作業がはかどるので、ミキサー車の運転手などが悪いと知りつつ、長い間続けていたようです。作業が短時間に終わることを「能率」が上がると言いますから、能率向上のため、やむを得ざる手段だったわけです。ところが、この事件を解説する新聞記事に、「劣化・落下の影に効率至上主義」という大きな見出しがつけられていたので、オヤと思いました[13]。

「効率」とは、投入したエネルギーや原料に対して、どれだけのエネルギーや製品が生産されたかを表す概念であり、この場合は能率を使うべきだと思ったからです。この例だけでなく、大学の独立行政法人化反対を主張するときも、「業績を評価され、効率を求められるが、基礎研究はそれになじまない」とか、効率優先の企業が批判されるなど、二つの用語の境界が不鮮明なケースが目につきます。いつの間にか、両者の概念が混同されているようですが、どちらも仕事をするときのキーワードだから、混同していると困るはずです。

コンクリート水増し事件の場合、水を増すとその分、時間が節約できるから、投入したコストに対する算出量である利益が増えます。作業能率を上げると経済効率が上がる関係になっているので、区別しなくても困りません。しかし、運転手がごまかしを報告すると、やり直しする必要が生じて作業能率が低下するだけでなく、経済効率も低下します。長期間経過後にばれると、ごまかしで得た利益をはるかに超える多額の補償と、場合によっては立て替えの可能性さえ出てくるので、経済効率はマイナスにさえなります。このように、能率と効率はいつも同方向に向くとは限りません。

独立行政法人化問題の場合には、能率と効率を区別して考えないと何をどう改めるかが明確にならないため、国から逆ねじを食らわされかねません。政府は、他の国立機関と同様、大学も経済効率を高める必要があるとして、法人化を進めようとしています。反対者は、よい研究ができにくくなると述べていますが、その懸念がどの程度現実味を帯びるか、効率と能率を手がかりに検討してみましょう。反対者の論理は次のとおりです。

「業績が低いと評価されると、研究資金が減らされたり、身分が不安定になる。その結果、成果があがらず、研究効率が落ちる」

しかし、金銭の投入額と成果は人間系の学問の場合、物質系の学問以上に関連性が薄く、研究効率の低下は証明しにくいのです。そのうえ、成果は金銭に換算できないはずだから、同質のモノを分母と分子に入れる「率」という概念の使用自体おかしいと指摘されます。

また、身分（知的財産）に関しては、人間系の学問の場合、実験装置を使う必要は基本的にありません。不安定になったからといって、投入可能な知的財産が減るとは言いにくいでしょう。しかも、成果と同様に金銭換算しがたい性質です。

一方で、締め切りが厳しくなるので、能率は上がる可能性が高くなります。したがって、研究効率の低下を根拠にすると、「知的な大学関係者は能率アップさせられるのがイヤなので、効率を誤解した振りをして、ホンネを隠す高等戦術をとっている」などと勘ぐられるかもしれません。

効率や能率のように概念がはっきりした基礎的用語すら、区別して使われなくなっているのは、実

図3　成長・衰退のイメージ図

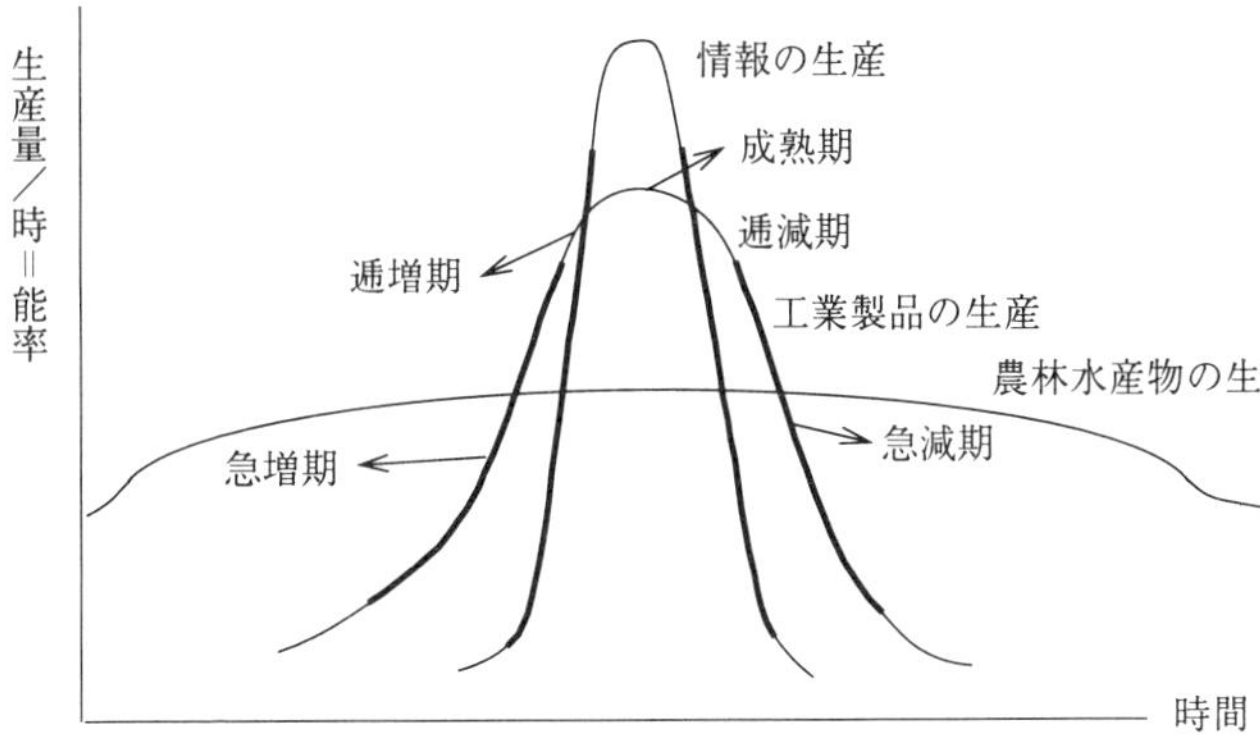

学からの乖離度が高くなった象徴とも言えます。

能率が上がっても、効率が下がる

成果の優劣にあまり関係なく、給料が決まる国立大学の研究者に比べ、厳しい経済環境のなかで実業をしている人は、能率と効率の間に潜む基本的矛盾にたえず出会い、神経をすり減らしています。環境問題などにも同じ矛盾はたくさんあり、この二つの区別は大切です。いくつか例をあげてみましょう（図3参照）。

①モノの生産効率が低い間は、廃棄〝能率〟（単位時間あたりの廃棄量）は高く、ムダが目立つし、環境に放出されると公害問題を起こします。たとえば、田子の浦（静岡県）の製紙産業によるヘドロ問題は、紙にならないリグニン成分を捨てていたのが原因です。その後、これを燃料として利用できるように技術開発したので、生産効率が上がっただけでなく、廃棄〝能率〟が下がり、有害物の環境への放出〝能率〟（単位時間あたりの放出量）は急落（顕著な改善）します。しかし、それら有害物

質の、人体への流入〝能率〟及び作用〝効率〟（リスク）を評価しなかったため、経済効率（費用対効果）は著しく低下しました。

②生産能率を高めると、廃棄〝効率〟は同じであっても、廃棄量が増加します。すると、自然の摂理に従う環境中での循環速度（無害化する分解速度など）を超えるので、廃棄費用が増加し、経済効率が下がります。大都市周辺や先進国では廃棄費用が高いため、経済効率の低下が大きすぎるので、地方や公害規制の緩い第三世界が廃棄場所に選ばれてしまいます。

③情報技術革命により情報処理速度が急速に速まると、物流能率・効率は上昇し、経済効率がアップして、生産は逓増します。これは、モノに比べて情報の生産速度が桁違いに大きいためです。しかし、ユーザーが値段を比較する速度やモノに飽きる速度も急速に速まったため、利益率は低下。設備・物品更新期間が短くなり、生産逓減時期と速度も速まります。したがって、投資のタイミングと適切な額が読みにくくなり、少しでもズレると投資効率が低下し、回収できない恐れが増すでしょう。

④脳内での情報処理速度も、自然の摂理を超えて大幅には変えられません。ところが、技術の発達により、情報の生産能率が著しくアップしたため、それをはるかに超える処理を求められています。そのため、労働能率が低い思考（試行でもある）錯誤の繰り返しでは対応できず、能率アップしやすい暗記に頼らざるを得なくなりました。すると、能率が要求される試験には有利になりますが、記憶に残る情報量は激減し、効率が著しく低下します。

長期的には能率も効率も下がる

農産物や林産物の生産性は、自然の循環速度を超えて大幅に高められません。確かに化学肥料や農薬の投入量を増加させると、一時的には能率も効率もアップし、収穫は逓増します。しかし、時間が経つと、土中や作物内部での化学物質の効き具合が変化するため土が疲弊し、作物が弱くなって能率も効率も低下し、収穫は逓減していきます。

土の中や作物内部だけでなく、人間の体内での食べ物の分解・合成速度や細菌や異物の除去速度(自然治癒力)も、自然の摂理を超えて大幅に変更できません。食べ物や薬などの投入量を増やすと、能率・効率が上がり、成長速度と治癒速度が高まる期間があります。しかし、適量を超えて投入し続けると、たとえば体内での脂肪分の分解・合成速度のバランスが崩れ、生活習慣病が増えるのです。

7　細分化すると、分析しても総合化できない

なぜ偏った報道がされたのか

市民講座で、ダイオキシン汚染が実際にはあまり怖くない状態であることを話したとき、①「不正確」な情報を伝えるマスコミを批判する人、②「偏った」情報を伝えるマスコミを批判する人、③「幅広い知識」が必要であると反省する人がいました。この「不正確」「偏った」「幅広い知識」という三

つの用語を教材にしながら「分析」と「総合」という基礎用語の理解を深めたいと思います。まず、①②のどちらがより当を得た批判か調べてみましょう。

マスコミが「高濃度のダイオキシンが検出された」にもかかわらず低濃度と報道したのなら、「不正確」になります。しかし、そうではないので、①の批判は妥当ではありません。記者によると、たとえ一字の間違いでも指摘される場合があり、正確性には細心の注意を払っているそうです。

「偏り」は、自分の予想（期待もしくは懸念）や見解が現実から偏っている場合と、他人の予想や見解から偏っている場合があり、いずれも「ズレている」とも言われます。

前者を高・中・低の三段階に大別すると、高を期待（懸念）していた人にとっては、そのとおりの「偏り」のない発表に見えるけれど、他の人にはそう見えません。

後者については、三六ページでふれた中西準子さんの見解が、多くの市民の予想（もしくは懸念）と大きくズレていました。どちらも現実のデータから判断したのにズレたのは、データの質が違うからです。市民やマスコミは土壌中の濃度が通常より高い現実を指摘しました。これに対して中西さんは、発ガン率が他の有害物質に比べて異常に高くはない現実を指摘したのです。彼女の見解を補うと、「たとえ土壌中の濃度が発表されたとおりであったとしても、そこから口に入る量は、日ごろ食べ物から取り入れている量に比べて桁違いに小さい。したがって、怖い状態とは言えない」となります。

しかし、大半の市民やマスコミの記者は、このデータを知らないし、土壌中のダイオキシンのうちどれくらいが体内に入るかも知りませんから、中西さんの指摘する現実と自分たちの予想が「偏って」いるかどうかわかりません。それで、怖い物質＝怖い状態と錯覚していることに気づかず、記事にしたのだと思います。したがって、②の「偏った」報道であるとの批判が的を射ているでしょう。

だからといって、記者を悪者にするのは早計です。発表した専門家がどの程度の怖さかを十分に説明しなかったほうが、問題かもしれません。だが、彼らは「まさかそのような錯覚をするとは予想できなかった。反響の大きさを知って初めて気づいた」などと反論するでしょう。このような錯覚は誰もがしがちだし、怖い状態をそうでないと言うのではなく、おおげさに言って市民の関心を高めたのだから、「やむを得ない」との結論になりそうです。

とはいえ、私は、市民が錯覚をする要因は専門家vs.市民の関係性のあり方によると思うので、「やむを得ない」ですましたくはありません。この問題を糧に、錯覚が少なくなる道を探し続けたいと思います。医者が、患者に、薬や手術についてわかりやすく説明して同意を得るインフォームド・コンセントが問われる時代になりました。それは医者だけでなく、他の専門家にもあてはまります。

このように、①〜③に分類し、試行錯誤を続けながら自分なりの原因を見つけ、次に活かす作業は、「分析＝ものごとを要素や要点、分野などに分解し、原因や要因を探すこと」と言われ、学者のみならず誰もが日常的に行っています。これを繰り返すと、問題点の関係性が明確になるので、全体像を得るための大切な手段です。手段が適切であれば、全体が「まとまって」見えてきます。これが「総合」で、関係性が明確になり、まとまった状態です。

分析作業により問題は総合されるので、両者は表裏一体の関係になっています。分析は左脳が担い、総合は右脳が担うといわれますから、表裏一体になっているのは当然でしょう。

知識の量ではなく質が問題

偏った判断を反省した市民は、ダイオキシンの発生源は多くあり、産業廃棄物の焼却炉のほうが市町村の焼却炉より悪いなど、「幅広い知識」の不足が偏りの要因と考えます。一人の市民が、（途方にくれながら）私に質問しました。

「そんな幅広い知識を得ることは専門家でもない自分には無理と思うが、何を勉強したらよいのですか？」

私は「知識の量の多寡でなく、質の高低（キーワード・キーセンテンスの有無）が偏りの要因である」という結論を述べたうえで、以下の二つの具体例をあげました。

第一は、大阪府能勢《のせ》町のダイオキシン問題に関係した専門家について。彼らは、市民に比べて格段に多い専門知識をもっているはずです。ところが、ダイオキシンの怖さの程度（これがキーワード）を分析する大切さに気づかず、市民に実像からかなり「偏った」全体像を提供してしまいました。

もっている分析能力を全体のなかでどの方面に活かすかは、その人と市民の関係性次第で変わります。中西さんは、流域下水道計画反対運動を支援する過程で、リスク評価の大切さを痛感し、渡米して手法を学びました。私も第4章で詳しく述べるように、ごみ焼却工場の公害裁判で、リスク評価の大切さを実感しました。彼女や私にとっては、リスク評価は大変質の高い情報になっていましたが、大半の専門家にはそうなっていなかったのです。

第二は、市民自身。仮にダイオキシンがイメージしているように怖い状態であるのなら、病気が増えるという結果がどこかで生じているはずです。しかし、中西さんの計算によると、大気中のダイオキシンが原因でガンになる人は日本人全体で年間一六人でした。[14] これなら、「私は該当しない」と思えるでしょう。すなわち、「化学物質の怖さの程度は、確率で計算できるから、他のさまざまな怖さと比べられる」という基礎知識（キーセンテンス）の有無が、判断の方向を左右しています。

異質のものを関係づけてまとめるのが総合

偏るか否かは、知識の量ではなく、質が左右しているというわかりやすい例を、スウェーデン大使館に勤めていた小沢徳太郎さんがあげています。[15]

スウェーデンは福祉先進国であり、原発を廃止する政策を採用し、情報公開制度が古くからあるなど、日本の市民運動家にとっては憧れの国でした。日本の学者もたくさん調査に行き、こうした面での先進国ぶりを紹介し、日本の遅れを指摘していました。

しかし、環境政策一つ取り上げても、両者の落差は大きいままです。小沢さんはその原因を行政などの他者の責にするのではなく、私たちのスウェーデンに対する「誤解」に求めていたので、ハッとしたのです。

日本人はスウェーデンを次ページ図4のようにバラバラに認識していますが、それでは問題解決に

図4　日本人のスウェーデン像

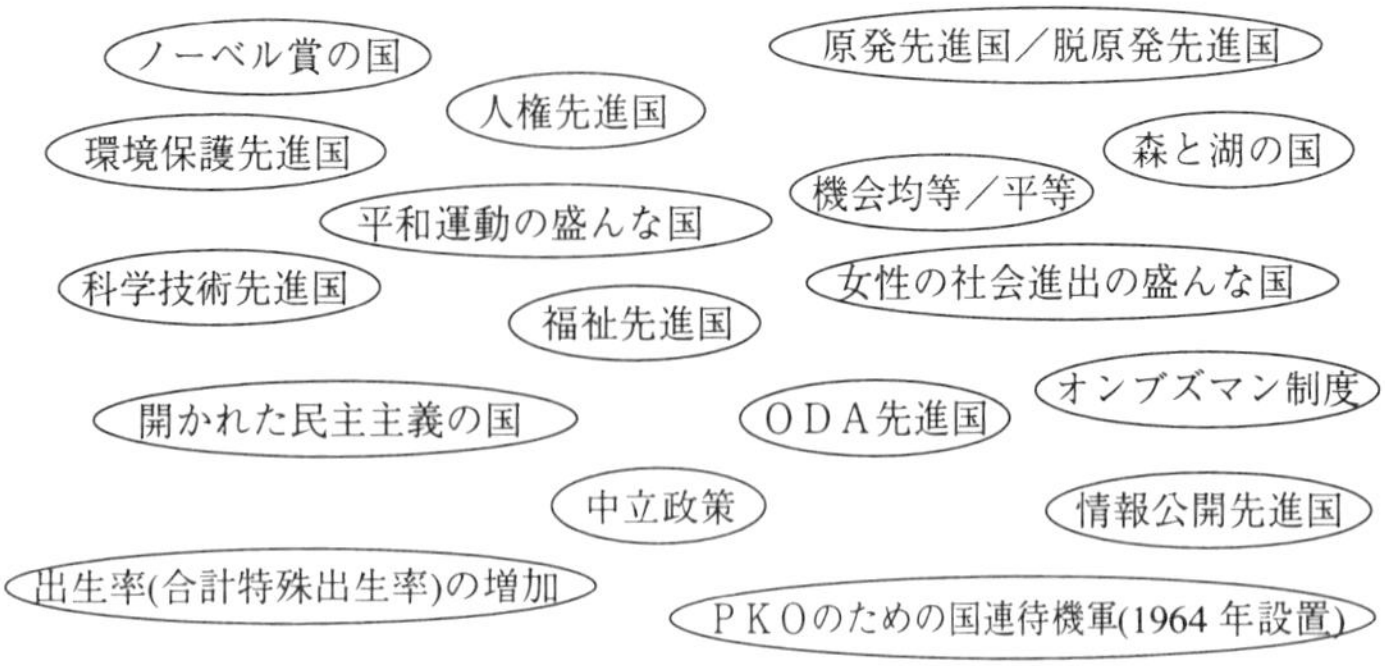

人口：850 万（1989 年）の小国　　　面積 45 万㎢（日本の 1.2 倍）

出典：小沢徳太郎『いま，環境・エネルギー問題を考える』ダイヤモンド社，1992 年，24 ページ。

有効ではありません。私のイメージも、図4のとおりでした。それは、小沢さんによれば、「テーマごとにその分野の専門家の記述によるものが多く、分析的で、社会事象を包括的に捉えるという視点が欠けた」研究成果の影響を知らぬうちに受けているからだと言うのです。スウェーデンではこれらを互いに密接に関連し合う問題として捉え、現場で、現実的（たとえば原発廃止政策は、修正するべき時がくれば修正するという了解のもとに実施されている）・総合的に解決しているから福祉先進国になれたのだ、と小沢さんは指摘していました。

この例から、スウェーデンについての知識を増やし、「物知り」になっても、互いの問題の関係性が見えなければバラバラな知識にとどまってしまうことがわかります。

同じことが、総合大学についてもあてはまります。私の勤務する大阪大学は、多くの学部や学科がある総合大学ですが、一般市民の印象は、そうではありません。大阪大学に勤めていると言うと、「医学部ですか？」と聞く人が多いし、私が所属する基礎工学部の印象はあまりなく、しばしば「工学部の先生」と紹介されます。総合的ではなく、医学部と工学部に偏ったイメージで捉えられてきました。

確かに、各学部や学科はまとまった敷地や建物に「集合」こそしています。しかし、外からは互いの関係性が見えず、独立して（悪くいえばバラバラに）存在しているため、市民との接点が多い医学部や工学部のイメージだけが肥大化しがちになるのです。

多数の星に意味を重ねると（関係性をもって見ると）、星座（constellation）に見えます。河合隼雄先生は、図4の一つひとつのイメージを星にたとえ、それを総合化（関係性をもって見る）することをコンステレーションと呼びました。その視点に立つと、大阪大学は、一等星の医学部、二等星の工学部、三～四等星の基礎工学部、それ以下の暗い星で構成される文系学部が、それぞれ星座をつくらないまま存在している、理系に偏った大学と見られているようです。

大学院大学化にともない、私にとってなじみのある機械工学科や土木工学科などがなくなり、土木工学科や環境工学科などが「集合」した地球「総合」学科ができるなど、「名」が「体」を表さない学科が激増しました。これは、内部の教員や学生の要請ではなく、学科の数減らしを求めた文部省の要請に応えた結果です。小さな星（学科）が集まり、大きくはなりましたが、星としての等級は上がりません。むしろ逆になり、「看板に偽りあり」という印象をもつ学生が増えています。互いの関係性が希薄なまま集合しても、総合化はできず、かえって質が低下する恐れが増しそうです。

これらから、「集合」とは関係性をはっきりさせずにモノをまとめる作業で、「総合」とは異質のモノを関係づけてまとめる作業であることがわかります。

偏った要因は関係性の希薄さ

小沢さんは、私たちがスウェーデンの全体像をバラバラに認識した要因を「分析的であって、社会事象を包括的にとらえるという視点に欠けた」ところに求めています。私も、彼の本を読んだときは「そうだ」と思いました。ただし、現在は、「包括的にとらえるという視点に欠けた」からではなく、「包括的にとらえ」ようとしたけれども「関係性の希薄さ」が障害になり、こと志と違い、結果的にバラバラになってしまったのではないかと思っています。

分析と総合は、「言うは易く」で大変に困難な作業です。問題に直面したとき、最初から全体像が見え、包括的に捉えられるのなら、分析などする必要はありません。それが見えないから、第一段階として、問題を分解・分類（仮説を立て、定義し、境界を定める）します。そして、自分一人で手に負えないときは、各自が一分野を担当し、さらに細かくという作業を行うのです。

このとき、一人ひとりが国民・県民・男性・老人・自治会員などいくつもの顔をもち、しかもたとえばカラスや犬とごみ問題が関連するなど、縁を媒介にさまざまな問題が芋づるのようにつながっている人間社会の関係性の複雑さの前に、分解・分類の困難さに直面します。私といっしょに神戸市が創ったシルバー大学でサポーターをしている先生は、このような複雑な関係性のなかで、どこに分析に適した切り口があるかわからない状態を「縫い目のないボール」と表現しました。

　これでは、世の中が見えにくいから、先人は適当な縫い目を入れ、世界を分類し、経済学・理学などいろいろな学問を創りました。しかし、その縫い目は客観的に決まったものではなく、一つの縫い目にすぎません。時代が変わると、学生・市民の感性に合う縫い目でなくなる矛盾を内包しています。それなのに、縫い目を固定的に捉え、変えようとしないと、責任を学生・市民に転嫁することになり、彼らからは形式主義・教条主義、マニュアル主義などと批判されるわけです。その批判に応えて新しい学問を模索する人もいるものの、たいていは縫い目を固定的に捉えているので、新しい「学際領域」が必要と言います。学際領域とは、複数の学問領域にまたがる分野という意味ですが、その発想だと、また新しい縫い目を入れることになり、学問は細分化し、総合化と逆行します。

　縫い目の鮮やかさは、時代や地域の関係性にふさわしい理屈の組合せ方（理論の再編）に依存します。学生や市民が関心が深い環境や福祉などという縫い目で現実を分類し、その問題を語る場合に必要な基礎知識の組合せを再編することが肝要です。それゆえ、小沢さんの言う「社会事象を包括的にとらえる」ということは、時と場合に応じて基礎用語を定義し直し、分析に適した境界を引き直し、問題に対処するという、大変むずかしい作業だと思います。

　続いて第二段階として、その分解・分類で妥当かどうかを分析し、分野間の境界を鮮明（定義を明確化）にすると、部分像が見えてきます。すなわち、分析とは分野間の境界を鮮明にし、部分像を浮き彫りにする作業です。実際、スウェーデンについて分析した人は、分析する前より物知りになり、部分像が鮮明になった喜びに浸ったと思います。「包括的にとらえるという視点に欠け」ていたのではなく、「包括的にとらえ」ようとして分析を行ったがゆえに、部分像は豊かになったのでしょう。

そして第三段階として、鮮明になった部分像を持ち寄り、互いの関係性を分析します。ところが、それぞれの部分像の境界をどこに定め、どの程度鮮明にするかは、互いの関係性次第で変化します。持ち寄った段階では、部分像同士がスムーズにつながらず、摩擦が多くギクシャクしたり、離れすぎたり、癒着部分があったりします。これは、分析とは「切磋」を繰り返し、違いを鮮明にすることなので、部分像同士の違いが実態以上に現れてしまうからです。

第ゼロ近似では仕方がないから、これらを「琢磨」し、角を取ったり、引き寄せたり、はがしたりする必要があります。現実社会では、「摺り合わせ」を行い、「摩擦」を少なくし、「接点（あるいは面）」を探し、「溝」を埋め、「癒着」をはがすべく、知恵を「磨」いています。図4は、このしんどいが成功するとうれしいまとめの作業を経ない部分像で構成されるスウェーデン像なので、（癒着した部分は省略されている）単なる集合像に見えるのです。したがって、現実から偏った見方をする要因は、関係性の希薄さであることがわかります。

自分とモノ・人の関係性が分析できない既存の学問

「社会事象を包括的にとらえる」のは自分であって、学者ではありません。だから、自分と自然・社会の関係を見直すことが肝要です。そのため、その関係性を、図5に示すように、①モノvs.モノの関係を分析対象にした自分、②人vs.人の関係を分析対象にした自分、③モノvs.人との関係を分析対象にした自分、④モノ・人vs.自分、の四つに分類してみると、以下のことがわかります。

①は自分がモノvs.モノの関係性を分析する場合で、物質系の学問が担ってきた分野。②は自分が人vs.人の関係性を調べる場合で、従来の人間系の学問の担当分野。③は自分がモノvs.人の関係性を調べる場合で、医学・薬学や有害物質の人間に対する影響などを調べる専門家が担ってきた分野です。しかし、この三分野では、④の自分とモノ（自然）・人（社会）の関係性の研究は課題になっていません。それで、自分の課題に自分で応える第四分野を担当する民際学が必要になるのです。

図5　自分と4つの学問の関係

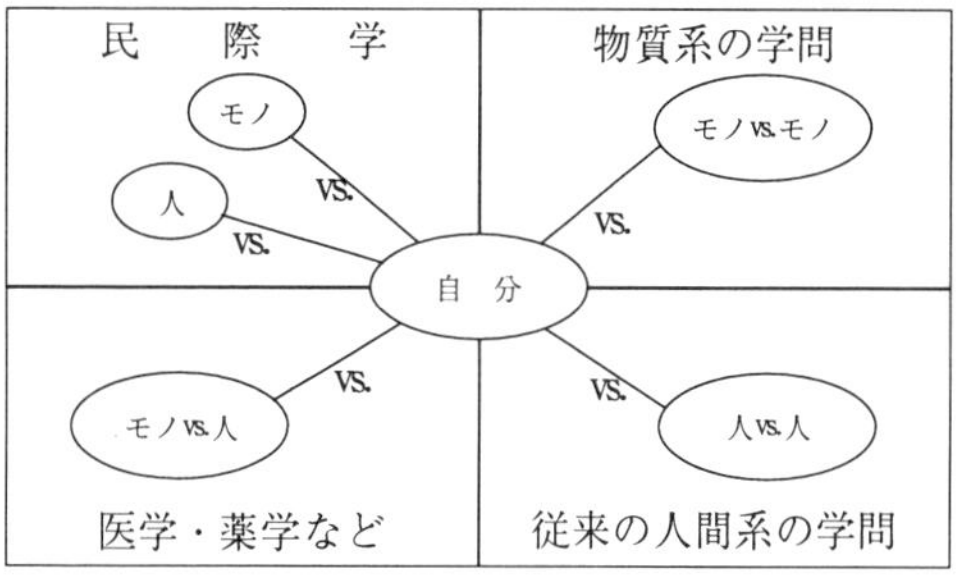

最初の三分野では自分の総合化（自分が包括的に自然・社会を見ること）ができず、民際学なら可能であることを確認するために、これらの学問の特長を簡単にまとめてみましょう。

（1）物質系の学問

①　人の心と独立に存在するモノの相互作用の分析は、心と関連する人間の相互作用の分析に比べて単純だが、目に見えない関係性を調べる困難さを背負っている。

②　この分野の研究者はその困難さを乗り越え、優れた先人が要素分割主義を採用して物質世界を分析し、ニュートンの運動方程

式、ＤＮＡなど物質世界の基本像（全体を支える骨格の仕組み。トーマス・クーンのいうパラダイム）を示した。その結果、モノvs.モノの関係性がよく見えるようになり、モノの関係性を密にできる手段は得られた。

③ 後の研究者は、より狭い分野で適した手段を探し、分析作業（クーンのいうパズル解き）を繰り返すと、その分野の全体像（全体からは部分像）がよく見えるようになり、体系化の一翼を担うことができた。

④ 物理、化学、機械、土木、建築など各分野別に詳しい部分像が見えるようになり、まとめられて教科書化された。

⑤ しかし、一人が全分野の詳しい部分像を知ることは不可能だし、その必要もない。自分の関心の薄い分野では、基本像にとどまらざるを得ない。

⑥ 一方、どの分野でも歯止めのない細分化が進行し、より狭い範囲の部分像が明らかにされた。しかし、同じ分野の部分像はもちろん、他の分野の部分像との関連性が見えなくなり、各分野の成果はバラバラに存在するようになった。

⑦ そのため、一分野で有効な分析手段を見つけて成果をあげても、他分野にとっては「高嶺の花」か「ただの石」にならざるを得ない。成果の集合化はできるが、総合化は困難になっている。

⑧ その結果、質で評価されるべき論文が、何本という量で評価される場合が多くなった。

⑨ 市民の専門家像とのズレが拡大し、市民が期待する総合的な見方ができにくくなった。

（2）従来の人間系の学問

① 物質系の学問の影響を受け、「社会関係を分析して、その仕組み（内的構造）と維持及び発展に関する法則を明らかにする」という大きな目標をたてた。

② しかし、客観の意味を誤解して、自分と対象にした市民との関係性を希薄なままにしなければならないと思ったため、外に現れた行動や言語表現から心の内面（ホンネ）を探る分析手法を採用した。

③ ところが、人間には相矛盾する性質が表裏一体で共存する。だから、関係性が希薄なまま外から内面を探ろうとしても、ホンネとタテマエを分離することは至難の業であった。

④ また、人間は個性があり、一人ひとりが違う。にもかかわらず、全体をまとめて認識しようとしたため、時間コストゼロで③の矛盾を解消できる理性モデルを採用した。

⑤ 現実とかけ離れたモデルを採用したことに問題があるにもかかわらず、理性モデルどおり行動しない責任を市民に転嫁した。

⑥ その結果、市民とよき関係性が築けず、近似度を上げる最良の手段を放棄する結果となり、第ゼロ近似でとどまらざるを得なかった。

⑦ 当然、全体像はもちろん部分像さえ不鮮明になり、市民が現在にふさわしい教養像（総合像）を尋ねても、昔の教養像しか答えられず、期待はずれになった。

（3）モノvs.人の関係性を調べる学問

① 心と無関係に理屈だけで動くモノに擬した理性モデル化された人間と、文字どおり理屈だけで動くモノとの関係性を追求してきたため、物質系の学問の分析手法が適用できた。
② それを採用した医学は、心の動きとの関連性が薄い問題には有効に対応でき、一つひとつのモノが人体にどんな影響を与えるかという部分像はかなり鮮明になってきた。
③ しかし、複合汚染や薬の副作用などモノvs.モノの体内での相互作用や、心を媒介にしてモノの作用が変化する問題では有効な分析手段が見つかりにくく、全体像は物質系の学問に比べて未完成の段階となっている。
④ 禁煙マラソン（六一ページ参照）や患者塾（二〇二ページ参照）など、理性モデルに代わる成熟モデルを採用し、医者と患者が対話を重ね、両者の関係性の変化過程を分析する試みが、医者・患者側の双方から出てきた。
⑤ こうした経験を積むと、総合的な健康像や病気像をイメージできるようになる。

関係は存在に先立つ

自分vs.自然・社会の関係性を探求する民際学は、河合先生が見つけた成熟モデルによる対話法を基本にします。この方法は、医者vs.患者のみならず、専門家vs.市民に一般化できます。第3章3節で詳しく述べますが、講義・講演・日常会話などは日常的な治療行為と同質の第二種の社会実験、市民活動は未知の病気の治療法を探求する研究行為と同質の第一種の社会実験と考えられます。市民と専門家が協力して二つの社会実験を行うと、途中経過を共有でき、論理的思考力だけでなく直観的能力も双方が養えて、関係性の悪化を回避しやすくなります。その結果、豊かな関係性を築くことが可能になり、円満な総合像が得られるのです。

しかし、大半の学者は、こうした民際学に関心をもってくれません。それは、身近な人との関係性の改善に関心が向くと、社会全体をよくする意欲が萎え、いわゆるマイホーム主義に堕するのではないかと懸念するからのようです。確かにその恐れはありますが、一方で社会全体をよくする気持ちが強くなると、「全体のために個や小を犠牲にするのは仕方ない」という気持ちも強くなるので、身近な人や地域の問題には関心が薄くなり、時間を割きたくないという矛盾が拡大します。

それに、目標が大きいからといって、成果が大きくなるわけではありません。身近な人との関係性を大切にしたほうが、結果的に大きな成果を生み出す場合もあります。高槻市長を務めていた江村利雄さんは、妻を介護する必要に迫られてこのジレンマに直面したとき、妻との関係性を大切にする道を選択し、市長を辞職しました。容易にはできない選択です。その結果、全体をよくすることをめざす市長としての仕事より、はるかに大きな影響を社会に与えました。

中村尚司さんが言う「関係は存在に先立つ」[16]を座右の銘にできると、「禍い」に見える問題がふりかかってきても身近な人との関係性を大切にでき、それを「福」に転化しやすくなりそうです。

私たちは、神と自分の関係を重視するキリスト教下の西洋文化の影響を強く受けた、独立性の強い理性モデルを描いてきました。だから、依存より自立や独立を高く評価します。しかし、私は中村さんから次のように教えてもらいました。

「私たちは、自分という意識が芽生えるずっと前、母親の体内にいるときから、すでに母の心の影響を受けている。その母は…とたどっていくと、関係は連綿と続き、始めも終わりもない。したがって、関係は（自分の）存在に先立つ」

存在を重視すると自他は分離でき、自立や独立した人が「悪」を退治できるように見えます。一方、関係性を重視すると、自立・独立しているつもりでも「お釈迦様の手のひらで踊っていた」にすぎず、「善と悪の相互依存関係」が変化したにすぎないように見えます。つまり、「自立」と「依存」は表裏一体の関係になっているので、必ずしも、「独立・自立」が「依存」より優れているわけではありません。

中村さんは「自立とは、依存できる人がたくさんいることである」という逆説めいてはいるが、正鵠を得た定義をしました。リストラなどで困ったときに助けてくれる人が多くいるほうが、自立しやすくなるからです。「自立」と「我がまま」の境界はわかりにくいので、「自信」と「過信」の境界も不鮮明になり、「自立」しているつもりが「孤立」しているときも少なくありません。「共存」関係の変化が見えやすい中村さんの自立の定義は、民際学ならではと思いました。この定義のほうが、適当と思われる二例をあげてみます。

① ルパン三世と刑事の関係のように、医者・弁護士・学者などは市民の「悪」がなければ、存在意義がなくなる。

②「個人の自立」といっても、「別居する」「財布を別にする」は絶対的・客観的な判定基準にはならない。身近な人との相対的比較や親との関係性の変化で判定している。

存在を重視するヨーロッパ社会では、人を一人ひとりが分離できるかに見える「Man」と呼ぶのに対して、関係性（依存性）を重視する日本では分離できない「人間」と呼ぶのも、宜《むべ》なるかなと思います。

基本的な人間観が違う日本で、西欧流の個の自立を説いても、説教に終わらざるをえないのは当然でしょう。『日本経済新聞』の「検証バブル」という連載記事で、この過ちを再発させぬため、記者は「時代の空気に流されず、自らの責任で決断、行動できる「個」を確立すべきである」と語り、夏目漱石が一九一一年に説いた「近代的な自我の確立」はいまも課題である、と結んでいました(17)。

それは理想ですが、関係性を重視する日本では進言しにくいし、しても挫折する恐れが強いから、そのような「個」の確立は永遠の課題になるのです。漱石でなく中村さんの定義に従うと、会社の外の人との関係性を築くことの大切さが見えてきます。バブルの実態がより見えやすくなるし、進言して辞めざるを得なくなっても、助けてくれる人が増えるからです。

自分を支える思想の変化に比べ、自分のまわりの関係性の変化は容易ではありません。それで、漱石は「智に働けば角が立つ」と思ったのでしょう。しかし、身近な人との関係性を重視すると、「智に働くと角が取れ」る道が見つかりそうです。

豊かな人間像は対話技術の向上から

諺・熟語・雑学は、過去の豊富な経験が言語に凝縮された「論理的試行（行きつ戻りつ思考を重ねた結果）のエッセンス」です。勘は、それが感覚のなかで融合し、結晶化した「直観的試行のエッセンス」です。対話相手との関係性の変化に注目すると、先人の経験が共有でき、過去の全体像すなわち「背景」を鮮明にできます。

対話を重ね、相手との関係性が変わり、理屈や勘に現在の新しい意味が付与されると、現在の問題に取り組むにふさわしい鮮明な「近景」が見えるようになります。たとえば、リサイクルをめぐる市民・行政・企業のホンネがよく見えるようになるのです。この成果をいま生きている人に伝えれば、彼らにとって「遠景」であった環境問題をズームアップでき、現世の全体像をより鮮明にできます。さらに、記録に残し、後世につなげることにより、豊かな将来像形成に寄与できるでしょう。

小さい小さい存在である私たちは、世界全体など認識できるはずはありません。ところが、これまでの人間系の学問はそれをめざしていたので、身近な人との関係性の改善にこだわっていられなかったのです。しかし、「存在」ではなく「関係」に注目すると、小さな存在であっても、現世の人だけでなく過去から将来にわたるすべての人とつながり、心のなかに全体像を創ることができます。すなわち対話技術がうまくなると、自分のなかに大きな豊かな全体像を取り込めるのです。なぜなら、総合とは、豊かな関係性が見えてくることと同義だからです。

（1）佐和隆光『経済学とは何だろうか』岩波新書、一九八二年、六、一一、一五ページ。
（2）『朝日新聞』一九九七年四月二八日。
（3）『日本経済新聞（夕刊）』一九九八年三月二五日。
（4）中川米造『素顔の医者』講談社現代新書、一九九三年、一一、六〇～六一ページ。
（5）河合隼雄『心理療法序説』岩波書店、一九九三年、一五～二二ページ。
（6）藤原正彦「テレビを捨てた人々」『朝日新聞（夕刊）』一九九八年四月四日。
（7）『日本経済新聞』一九九八年四月六日～一一日。
（8）『朝日新聞』一九九九年五月二六日（大阪版）。
（9）黒崎政男「『予測の発想』崩れる」『日本経済新聞』一九九五年一一月一四日。
（10）『朝日新聞』一九九八年一一月一三日。
（11）デニス・ヘイズ「バルディーズ原則とグリーン・マーケット」『リサイクル文化』一九九一年七・八月号、一七～二七ページ。
（12）『朝日新聞』一九九七年八月一〇日（大阪版）。
（13）『朝日新聞』二〇〇〇年三月一〇日。
（14）中西準子『環境リスク論』岩波書店、一九九五年、一四〇ページ。
（15）小沢徳太郎『いま，環境・エネルギー問題を考える――現実主義の国スゥエーデンをとおして』ダイヤモンド社、一九九二年、一二三、一二五ページ。
（16）中村尚司「フィールドの大地へ出よう」中村尚司・広岡博之編著『フィールドワークの新技法』日本評論社、二〇〇〇年、三ページ。
（17）『日本経済新聞』二〇〇〇年七月三日。

第3章　科学・技術とうまくつきあう——自分vs.自然の関係性の再編

一九九七年ごろから東は埼玉県所沢市、西は大阪府能勢町のダイオキシン問題が大きく取り上げられました。ごみ焼却工場が発生源だったこともあって、私もこの問題に関し、市民との対話を深めています。ただし、ダイオキシンの怖さを強調するのでなく、健康への影響は報道されるほどではないことも伝えたので、安心してしまう市民や、楽観的と批判する市民とも出会いました。七〇年代と違い、微量な化学物質と市民の関係は大きく変わっています。そこで、この章では、化学物質を教材にしながら、市民が科学・技術（の成果）とどうつきあえばよいかを考えてみましょう。

1　有害化学物質削減運動のジレンマ

市民が化学物質とのつきあい方を学ぶ活動

私は七〇年代から、表1（一九ページ参照）に示したように全国各地のごみ処理施設や下水処理施設周辺の住民とつきあいながら、ごみ問題・下水処理問題にかかわってきました。周辺住民は、こうした施設は来てほしくないので反対します。反対の主要な根拠は「有害化学物質を体内に入れるのはイヤ」と「必要な施設だけれど、知らぬ間に無理矢理押しつけられるのはイヤ」の二つです。

第一の論点については、かなり議論が深まりました。人vs.モノの関係（施設の公害対策）は著しく改善され、最後に残ったのがダイオキシンです。また、農薬・化学肥料・食品添加物をあまり使用しない有機農産物や安全な食べ物を購入・普及する運動、安全な飲み水にする運動、合成洗剤を止めて石けんを使う運動にも少しかかわってきました。

これらは、「市民が化学物質とのつきあい方を学ぶ活動」とまとめられます。そのうち、「豆腐の腐敗防止剤ＡＦ２の製造中止、食品添加物や化学肥料・農薬が少ない安全な食品、有機農産物の増加は、成功した活動と言えるでしょう。ここでは、うまくいかなかった活動と、削減方法に問題を残した活動を紹介します。

うまくいかなかった活動

合成洗剤を止めて石けんを使う活動は長いあいだ続いてきましたが、石けんを使う人は増えず、合成洗剤のシェアは現在九割以上です。また、家庭で昆虫・細菌・カビ類などを殺す殺虫剤の使用を抑える活動もうまくいきません。最近では、ごくありふれた常在菌まで殺す抗菌剤が売り出されました。

前者があまりうまくいかなかった原因を大阪のお母さんたちと調べたところ、「モノより人が怖かった」からではないかという結論になりました。合成洗剤追放運動している人の話を聞き、石けんを使って子どもの衣類を洗ったところ、その子どもが「真っ白になっていない」「洗ってもらってない」として、イジメを受けた事例がけっこうあったのです。

私も講演会などで相談を受けましたが、イジメを避けたり受けないノウハウは、口だけでは伝えられません。「白くないのは汚い！」という直観は理屈を超えた感覚だから、説教では効果がありません。結局、追放運動から「一抜け、二抜け」になっていきました。合成洗剤による怖さは未来に生じるかもしれないのに対して、子どものイジメは現実に目の前に生じている怖さです。当時は理性モデルで見ていたので、「意識の低い人は仕方がない」と思っていましたが、それから脱却すると、当然の選択だったことがわかります。

後者は、薬品の毒性の怖さより、不快に思う虫や目には見えないバイ菌の「いたずら」が許せない気持ちになる人が多かったからです。

削減方法に問題を残した活動

ごみ処理施設では、ばいじん・塩化水素・窒素酸化物・ダイオキシンの発生量の削減や除去率の顕著な向上に加え、煙突が高くなったので、有害物質による健康被害の恐れは激減しました。ごみが燃えやすくなったうえに、焼却技術・有害物質除去技術が向上したからです（詳しくは、拙著『人が主役のリサイクル――人権と環境を結ぶ試み』部落解放・人権研究所発行、二〇〇〇年、参照）。下水処理施設でも、中西準子さんの研究が活かされ、きれいな処理水が放流されるようになっています。

しかし、いずれも、市民が望む発生源対策は容易ではありません。そのため、お金と技術の力に頼った後始末対策が優先され、費用対効果が著しく小さくなるという問題を残しました。

ごみ処理施設でのわかりやすい例は、塩化水素除去対策です。塩化水素は、ラップなどに含まれる塩化ビニールを焼却すると発生します。市民団体が望んだのは、すぐ使い捨てられる塩化ビニール製品を製造・販売しない政策の採用と実行です。塩化水素を発生しない代替品のポリエチレン製ラップもあり、値段はほとんど同じですから、市民が困るわけではありません。焼却炉で燃やし、塩化水素が発生してから除去するより、この発生源対策のほうが費用が安いのは明白でした。ところが、その政策は企業にとって厳しいので採用されず、後始末対策が採用されたのです。

七〇年ごろは除去技術が未完成だったので、東京都などでは焼却しない政策を採用し、埋め立てました。その後、除去技術が完成したので、住民が関心をもつ地域では、ほとんど除去されるようになっています。その代わり、廃棄物全体に占める含有率がわずか数%の塩化ビニールのために、薬品代と電気代は著しく増えました。

ダイオキシンもその一つで、おもな発生源は、塩化水素と同じく塩化ビニール類です。塩ビ性のラップを使用しないスーパー・生協など、自主的に発生源を減らす企業が現れていますが、国は今回も法で禁止する政策を採用せず、後始末対策を採用しました。ここ数年のうちに発生抑制技術と除去技術がほぼ完成し、煙突からの排出量は激減しそうです。その代わり、厚生省の計画では、市町村のごみ焼却場のダイオキシン対策に、二〇〇〇年~二〇〇三年の四年間で約一・六兆円の巨費が投入されます。

下水処理では、市民団体が望んだのは、地域の実情にあった、適正規模の処理システムです。ところが、建設省は、人口密度が少ない地方にも、広域から下水を集める汚水集中システム(流域下水道)を採用しました。そのために、汚水処理費用より汚水運搬費用のほうが高くなり(地下にもうひとつの川を造ることになる)、費用対効果が小さくなったのです。

発ガン物質のトリハロメタン対策も同様です。トリハロメタンは、下水処理水などに含まれるアンモニアを除去する際に使用された塩素系の薬剤と、水中の有機物が反応して、できます。市民団体が望んだのは、下水処理場でのアンモニアの除去など発生源対策でした。しかし、採用されたのは、処理水を河川に放流し、薄められて浄水場に入ってから除去する後始末対策です。大阪府と大阪市ではそれぞれ六〇〇億~七〇〇億円の費用をかけ、施設を改良しました。しかし、水質がよくなったとの印象をもつ市民はごく少なく、圧倒的多数の市民は、多額の費用が投じられたことを知りません。

2 ダイオキシンを教材に人vs.モノ(微量化学物質)の関係を振り返る

これらの費用は、有害な化学物質から健康を守る「健康対策費」です。発生源対策にかかる費用に比べて著しく高いけれど、一方で有害物質が減り、安心できる側面もあるので、後始末対策であるから意味がないとも言えません。私たちが削減を要求した結果でもあり、行政・企業の責任とだけは言いにくいジレンマです。そこで、ダイオキシンを教材に費用対効果が小さくなる原因を探り、もうひとつの道を探してみましょう。

汚染の実態をよく知ろう

まず、汚染の実態が正確に知られていませんでした。多くの人はテレビや新聞の見出しだけを見て、市町村のごみ焼却炉からの排出による汚染が一番ひどいという印象をもちました。恐ろしい状態だから、早く抜本的な対策を立ててほしいと思うのは当然でしょうが、実際には次のようなデータや報道もあるのです。

表2　日本人のダイオキシン類摂取量（平均値）とその内訳

食品	2.41（92.7）
魚介	1.51（57.9）
肉・卵	0.42（16.0）
乳・乳製品	0.19（ 7.2）
有色野菜	0.10（ 3.8）
穀類	0.08（ 3.1）
し好品	0.03（ 1.0）
野菜	0.03（ 1.0）
米	0.02（ 0.9）
大気	0.17（ 6.5）
土壌	0.0024 ～0.021（0.8）
合計	2.6（100.0）

（注）体重1 kg あたり pg。（　）内は％。
（出典）『日本経済新聞（夕刊）』1999年6月21日。

①大半は食べ物からの摂取

ダイオキシンが体内に入るおもなルートは食べ物・空気・土の三つです。このうち、空気から摂取する割合が約七％なのに対して、食べ物からは九三％になっています（表2）。これは、過去五〇年間、環境に放出されたダイオキシンが、食物連鎖を通じて戻ってきているからです。ダイオキシン以外の化学物質もあわせて、ずっと体内に入れ続けてきて、現在があります。それでも、寿命は延びてきました。そこに気づくと、イメージするほど恐ろしい状態ではないのでは?という仮説を思いつきます。

②排出量は減っている

排出量のピークは七〇年代です。母乳や、東京湾や琵琶湖の底の泥から検出されるダイオキシンはそれ以降、減少しています(九〇年代後半は七〇年代前半の半分程度)[1]。当時に比べてダイオキシンを含む農薬が使われなくなったことが最大の理由で、焼却技術が向上したことも一因でしょう。実際、七〇年ごろまでは、よく燃えずに黒煙を出す焼却工場が常態でした。したがって、現在より、私が子育てをした七〇~八〇年代のほうが〝恐ろしい〟状態であった可能性が高いのです。

③もっとも恐ろしいのはディーゼル車排ガス

中西準子さんの調査によると、大気汚染物質中でもっとも恐ろしい状態にあるのはディーゼル車排ガスで、ベンゼンがこれに続き、ダイオキシンはヒ素と同程度の怖さになっています(表3)。ディーゼル車排ガスは、ダイオキシンの約二五倍~一四〇倍、ガソリンに含まれているベンゼンは約八倍〝怖い〟状態です。ベンゼンは、ガソリンスタンドや車の排ガスからも出るなど、ディーゼル車排ガスと並んで汚染源が多いうえに、地上近くで出ています。

④産業廃棄物焼却炉からの発生量も多い

新聞などでは、家庭のごみを焼却する市町村の焼却炉からの発生割合が約八割と報道された時期がありました。しかし、この結果は、所沢市で問題になったような産業廃棄物焼却炉の実態をほとんど調査しないまま、厚生省から委嘱された専門家が推定した値だったのです。その後、修正され、産業廃棄物と一般廃棄物の焼却炉からの発生量は同程度ということになりました。もちろん、産業廃棄物も、私たちの生活と関連性が決して薄くはありません。焼却されているものの多くは、家を建てたり、修繕したり、壊したときに発生する建築系の廃棄物です。

炉の性能は、市町村の焼却炉に比べて著しく劣り、燃え方が悪いうえに、ダイオキシン対策に必

表3　有害大気汚染物質に起因するガン発生推定数

汚染物質名	年間ガン発生推定値(人/年)	
	アメリカ	日　本
ヒ素	68	14
カドミウム	10	7
ニッケル	—	7
六価クロム	147～255	21
アスベスト	88	—
ベンゼン	181	133
四塩化炭素	41	42
クロロホルム	115	<1
ホルムアルデヒド	124	53
トリクロロエチレン	7	<1
ジクロロエチレン	45	—
1,2ジクロロエタン	—	70
二臭化エチレン	68	—
塩化メチレン(ジクロロメタン)	5	8
テトラクロロエチレン	6	3
塩化ビニル	25	—
塩化ビニリデン	10	—
p—ジクロロベンゼン	—	9
ダイオキシン	2～125	16
ベンゾ(a)ピレン	—	3
アクリロニトリル	13	—
1,3ブタジエン	256	—
エチレンオキサイド	6	—
ヘキサクロロブタジエン	9	—
ヒドラジン	6	—
不完全燃焼生成物	438～1120	—
コークス炉排出物	7	—
ガソリン蒸発物	124	—
放射性核種	3	—
ラドン	2	—
その他	15	—
ディーゼル車排ガス	—	402～2302 (956)
合計	1726～2706	1344

(注) アメリカのデータは，柳下正治「環境基本法後の日本の環境政策」『資源環境対策』30巻4号 (1994年)，301～308ページによる。日本のディーゼル車排ガスの数値については，岩井和郎他『大気汚染学会誌』27巻6号 (1992年)，289～303ページによる。それ以外は中西準子さんの試算。また，アメリカの合計は，実際には1821～2734人である。

(出典) 中西準子『環境リスク論』岩波書店，1995年，140ページ。

須の温度管理がほとんど行われていません。そのような性能の劣る炉が、工務店など生活環境の周辺にもあり、煙突は低いままです。

⑤農薬などの影響

農薬がダイオキシンの発生にかかわる割合は三割程度と大きく、農業に使われるビニールハウスを野焼きするときや、紙を漂白するときにも発生します。

このように、ダイオキシンは、二〇世紀後半の五〇年間、持続的にさまざまな発生源から放出されてきました。これらの大半は、新聞を注意深く読むと得られる情報です（中西さんの意見も、大きく新聞に載っています）。したがって、怖い物質＝怖い状態と誤解した要因は、外部より自分の心と頭のなかにありそうです。

〝怖さ〟の決め方を知ろう

私たちは有害な物質に出会うと、臭い・舌触り・皮膚感覚などの五感で感じ、避けようとします。しかし、濃度が薄くなってくると、無感覚になります。表3に示したように、私たちは毎日名も知らぬ化学物質を体内に取り入れているのに、〝怖さ〟を五感で感じていません。

専門家とて同様です。五感ではわかりませんから、いろいろ調べて知識を増やし、安全か否か判断してきました。市民はそれを専門家に委ね、結果だけを利用してきたので、素人にはできない専門的知識で判断していると思っています。

そこで、専門家がどのように安全か否かを判定しているか調べてみましょう。化学物質が体内に入った場合、どのような影響を与えるかは、理屈だけではわかりません。必ず「実験」を行う必要があり、「動物実験」と「人体実験」で確かめてきました。

動物実験は超高濃度で行われている

まず、動物実験について検討します。その特長は、日常の摂取量に比べて、超高濃度で実験することです。たとえば、ダイオキシンの摂取量は、体重一kgあたり一日数ピコグラム程度ですが、実験では表4に示すように、超高濃度にします。これは、ダイオキシンがマウスの精子へどのように影響するか調べた実験で、新聞に大きく載っていました。ここでは、毎日与えないで、一度に注射したのでとくに濃くなり、日常摂取量の一億倍です。こんなに濃い毒を与えて、子宮へ着床できなくなったマウスが一五%（一〇万ピコグラムの着床率とゼロのそれの差、以下同じ）、胎児死亡率が一七%、奇形率が九%増えます。逆にいえば、一〜二割程度の動物が病気になるように濃度を決めると、超高濃度になるのです。

　市民に、日常摂取しているぐらいの毒を実験で食べさせると、どのくらいの割合が病気になるか尋ねてみました。すると、多くの人は二〜五割と言い、あるマスコミの記者は八割と答えました。数匹と答える人は少なく、正解の

表4　ダイオキシンのマウスの精子への影響

	動物実験		
	ゼロ	5万 pg/g	10万 pg/g
着床率	92.4%	88.8%	77.7%
胎児死亡率	18.8%	28.7%	35.6%
奇形率	1.4%	8.1%	10.6%

（出典）『朝日新聞（夕刊，大阪版）』1998年7月11日。

ゼロと答える人は希です。私は、専門家との認識ギャップの大きさにびっくりしました。この食い違いは、専門家は「怖い」と思わないで質問しているのに、聞くほうは「怖い」と思って答えるところから生まれます。

濃度が下がると、死亡率や病気になる割合は当然、減少していきます。なお、この実験は二つの濃度でしか行っていません。それは、費用と時間が著しくかかるからです。

仮に一つの濃度で、一割が病気になるとします。数が少ないと誤差が大きくなるので、五匹が病気になるという実験の場合、五〇匹が必要です。同じ濃度で、オス・メスで差がないか見ると一〇〇匹、毒を含まない対照群を合わせると二〇〇匹、二つの濃度だけでは推定線は直線しか引けないから、最低でも三つの濃度は必要とすると、四〇〇匹。これだけでも、かなりの費用と時間がかかることが予想されます。

しかも、濃度が下がれば、死んだり病気になる割合が減ってくるので、飼う頭数をどんどん増やさねばなりません。それは現実的ではないため、超高濃度の影響を調べるだけで実験を終わらざるを得ないのです。

この限界を強調する専門家はごく少なく、中西準子さんぐらいです[2]。彼女は、九四年に図6をつくり、早くからその重要性を指摘してきました。しかし、他の専門家はその限界を直視しようとせず、たとえば次のように述べます。

「ある量のダイオキシンをずっと与えてみて、一年後、二年後に（中略）何らかの影響がある、と

図6　有害物質の許容摂取量を決める二つのルール

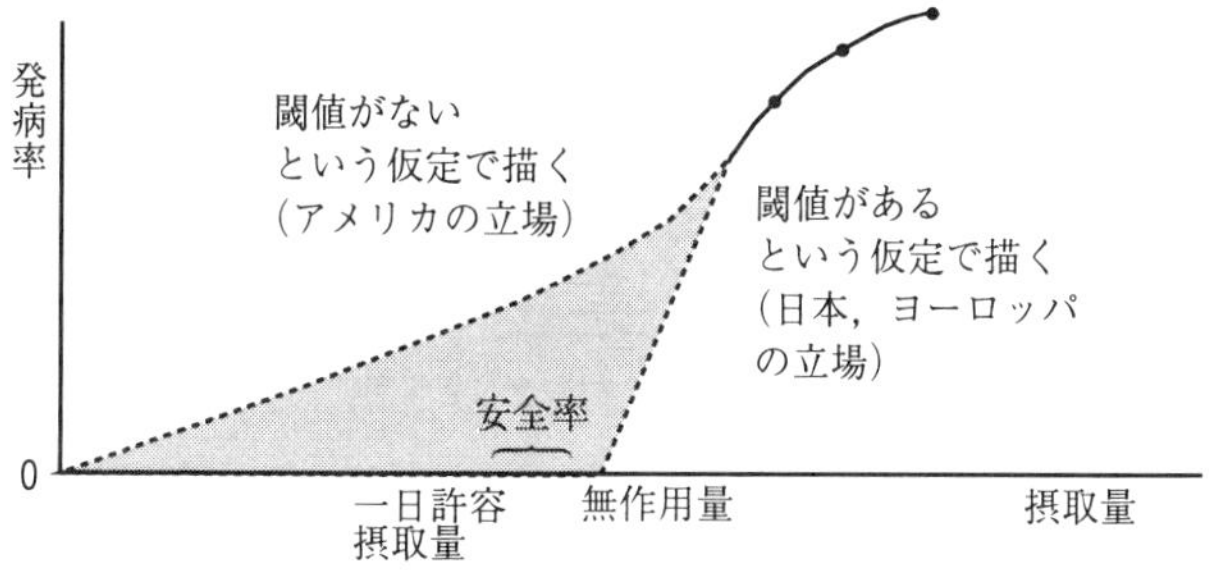

（注）▢は，閾値があるという仮定の場合は安全とみなされ，閾値がないという仮定の場合は危険とみなされる。
（出典）中西準子『水の環境戦略』（岩波新書，1994年）をもとに作成。

いうことを調べます。影響がでるところの最小の暴露量をNOAEL（無毒性量）といいます[3]」

これを読む多くの市民は、薄い濃度まで実験していると思うでしょう。それで、「科学者は、薄い濃度まで実験して無毒性量を決めている。私たち素人には決められない」と誤解してしまう市民が増えるのです。

安全か否かはルールで決めている

実際には超高濃度でしか実験していませんから、薄い濃度の影響は、専門家であろうと市民であろうと「わからない」のです。それでは、安全か否か実験で決められないので、「ルール」をつくり、許容値を決めます。実験は専門家でなければできませんが、ルールづくりは、専門家からデータをもらえれば、素人でも可能です。したがって、「市民はよくわからないから、専門家が安全を保証してくれないと困る」は、「無い物ねだり」だったのです。現在使われているルールは、二つあります。

①閾値《いき》がある立場

閾値未満であれば「体に影響がない」とする考えで、日本やヨーロッパが採用しています。なお、閾値とは、それ未満の値であれば影響があるか否かわからない値です。

閾値の求め方は、決してむずかしくありません。図6に示すように、実験結果を用いて実線を延ばし、発病率がゼロにぶつかるところを無作用量にすればよいのです。無作用量とは、作用がない量＝影響がない量という意味です。ただし、この値を許容摂取量にすると、動物と人間の作用が違った場合まずいので、たいていの場合、無作用量の一％（一〇〇倍の安全率をかける）を一日許容摂取量と決めます。これが新聞などに載る値で、ダイオキシンの場合、日本では九六年から一日体重一kgあたり一〇ピコグラムとなっていましたが、九九年に四ピコグラムと厳しくなりました。

このルールを支持すると、たとえば許容値を一〇倍超えても、安全率が一〇倍に下がっただけなので、まだ「安全」ということになるのです。ただし、ルールですから、対策をとる必要は当然あります。

このルールの弱点は、「わからないもの」を安全側に入れてしまい、安全な化学物質があるとの誤解を生み出してしまうことです。たとえば、ある調査結果によると、ガンによる死亡原因のうち、食べ物が三五％、たばこが三〇％も占めています。(4) 体内では、食べ物も自然の化学物質の一つで、大きな分子から小さな分子に分解されて体に吸収されていきます。その過程で、たとえば蛋白質の主要素である窒素は発ガン物質に変化します。食事が西欧化してから、日本人に大腸ガンが増えたのは事実でしょう。寄与率の正確さはさておいても、微量化学物質に比べ、桁違いの量を毎日体に入れていることを考えると、食べ物がガンを引き起こす主因というのはうなずけます。

②閾値がない立場

①の弱点を補うのは、アメリカが採用している閾値を認めないルールです。このルールでは、図6の実験結果と、原点をつなぎます。すると、「わからないもの」も危険側に入ることになります。ただし、アメリカはベンゼンなどの有害ガスを排出する車の存在を許容しており、日本やヨーロッパに比べて安全性を重視しているとは言えません。「わからないもの」の使用を禁止すると、濃度ゼロしか許さないことになってしまい、化学物質が使えなくなるからです。

このルールでは、縦軸から先に決め、たとえば一〇万人に一人ぐらいは病気になることを我慢するレベルが許容値になります。一〇万人に一人が、一生涯の間にダイオキシンに〝あたって〟ガンになる程度ですから、我慢できる範囲でしょう。

「誰かが犠牲になることを許す」弱点をもつ閾値なしのルールと、「安全な化学物質が存在するかのような印象を与える」弱点をもつ閾値ありのルールのうち、費用対効果を勘案しながら対応策をとれるのは前者です。

しかも、怖いモノを比較できるだけでなく、怖い人による被害との比較もできます。中西さんの『環境リスク論』を読むと、アメリカでは、化学物質による怖さも、交通事故・ピストルの発射など人が原因の怖さも、人口一〇万人あたりの発生率で比べています。人が原因の事故は、化学物質のように、たとえば一〇万人あたり一人なら我慢すべきであると政府が決めることはできません。しかし、どちらの怖さであっても国などが採用する減少対策には費用がかかります。それを計算し、どちらの怖さを減らすほうが費用対効果が大きいか調べる際に用いる考えのようです。

配偶者の暴力の犠牲になって亡くなる女性が、年間一〇〇～一二〇人もいるという外科医の調査が、新聞に載っていました。(5) このうち、四〇人は虐待死だそうです。一方、大気中のダイオキシンを摂取することによりガンになる人は年間一六人（一八九ページ表3）と推定値されています。

前者は個人の努力で避けられますが、後者は避けられません。ただし、国が両方の削減対策の効果を調べる場合は、どちらも費用対効果が問われます。その際、この考えだと、人口一〇万人あたりの発生人数を一人減らすための単位費用を計算できるので、大気中のダイオキシン削減対策と家庭内暴力対策の費用対効果が計算できるわけです。

兵庫県宝塚市の市民は、既設炉に三〇億円かけてダイオキシン対策をとらせることに成功しました。しかし、私は費用対効果が小さいことを知っていたので、手放しで喜べません。この「健康対策費」を、痴呆症の患者さんを世話する看護婦さんを雇う費用に使ってもらいたいからです。

痴呆症の患者さんは、点滴をはずしたりベッドから落ちるという理由で、多くの場合しばられていました。数少ない看護婦さんで多くの患者さんを夜中も診るのは大変ですから、やむを得ないと思っていましたが、しばられるのは非常に怖いことです。九州地方をはじめ、関東地方などで心ある看護婦さんたちが「抑制」（しばることの怖さを緩和する表現）を止める運動を始め、全国的に広がりつつあります。

看護婦さんの増員費用も「健康対策費」です。宝塚市の場合、三〇億円は、看護婦さんを二〇人程度増員して三〇年ぐらいまかなえる額です。環境問題と福祉問題との関係性が見えないまま運動せざるを得ない弱点が表れてしまいました。だからといって、宝塚市民の運動は意味がなかったとは思いません。この弱点をともに強化する道を探すのが肝要です。

私たちは「人体実験」に「参加」もしている

私たちの体内には毎日たくさんの化学物質が取り込まれ、「複合汚染」状態にあります。私たちは好むと好まざるとにかかわらず、多種類の微量化学物質を毎日摂取するという「人体実験」を長期間続けているのです。この現状を利用して、二つの調査が可能になります。

第一は、「人体実験」されている人を二つのグループに分け、特定の化学物質の影響を調べる方法で、疫学調査と言われます。水俣病の原因を調べる際にも行われ、水銀で汚染された魚を食べた地域と、そうでない地域での感覚障害の発生割合の差が調べられました。環境ホルモンの影響も疫学調査で調べられます。フランスの学者が、環境ホルモンの疑いがある化学物質に接する人たちと、そうでない人たちで、出産率および女子の出生率に差があるかどうか調べたいから研究費がほしいと語っていました(6)。

こうした調査では、動物実験と違い、現実の濃度レベルの影響が調べられます。しかし、両グループで、注目した化学物質の摂取量以外の条件を同じにしにくいという弱点を抱えているので、動物実験より優れているとは言えません。たとえば、病気に影響を与える年齢分布や喫煙割合などの条件をそろえておかないと、注目した化学物質が原因であるとは言いにくくなりますが、現実には困難です。そのため、両群で摂取量の差が小さいと、病気の発生割合の差も小さくなり、結果がはっきりしないという場合が増えてきました。実際、電磁波の健康に対する疫学調査では、発ガンの恐れがあるという結果もあれば、因果関係は認められないという結果もあり、決着はつけられていません[7]。

環境ホルモンの影響も、差が出るほどの結果にはおそらくならないでしょう。日本には化学コンビナートが各地にあり、企業城下町も多いので、影響があれば、そうした地区の学校ですでに差が出ている可能性があるからです。

第二は、自分が「実験体」になっていることを自覚して、自分で、自分の体を調査する方法です。たとえば、ほとんどの人は何でもないほどの微量な化学物質に曝露されると頭痛などの症状が出てしまう化学物質過敏症の場合が、これに該当します。

多種類の微量の化学物質に反応してしまうこの病気の原因は、一～二種類の化学物質の影響しか調べられない動物実験や疫学調査では見つけられません。しかし、自分が「実験体」になっていることに気づくと、調べられます。和歌山県で出会った一女性が、症状が出たときの周囲の状況を詳しく調べ、記録して、データを集め、症状と化学物質の影響を論証しようとしているのを知って、感心しました。仮に、公民館の部屋で症状が出たとしたら、そこで使われている壁紙やカーテンの種類、トイレなら消臭剤や洗剤という具合です。化学物質過敏症の疑いをもつ市民たちはネットワークをつく

り、症例を集め、互いに学び合っています。(8)

これは、個性のない「生き物」と仮定して確立された動物実験や疫学調査では原因を追究できないという限界を乗り越える優れた実験手法です。化学物質過敏症だけでなく、アトピーなど個性が影響する他の病気にも応用できるでしょう。

個性のある人間に化学物質の作用がそれぞれ違うのは当然です。濃度が非常に薄くても、残念ながら症状が出る人がいると思います。その人は、不幸にも自分が「実験体」になってしまったのです。現在の医学は、個性のある「生き物」を前提にした治療手法をまだもっていません。その限界に気づいていない多くの医者に頼っても、「無い物ねだり」になるだけです。関心をもってくれる医者の助けを借りながら、自分の体で実験し、原因を調べ、治療法を探す以外にありません。

遺伝子組み換え食品の場合は、ひとまとめにして特定物質と判断できますから、市民自身で疫学調査ができます。「表示」を頼りに、食べないグループと食べたグループに分け、データを集め、両群で差があるかどうか調べればよいのです。ただし、現実には「実験体」になる人は増えないと思います。安全性に疑いをもつ人は、表示を見れば実験に加わらないでしょうし、企業も遺伝子組み換え作物を原料に使った食品の輸入を控え始めたからです。

安全性は、市民の参加によって守られる

中西さんは、微量化学物質の安全性は科学的手段ではわからないことを強調するため、「疑わしい

ものは使用せず」は「幼稚な予防原則」と書きました。[9] しかし、大半の人は大切な予防原則と思っていいます。それを否定したうえに、「幼稚な」という修飾語まで加えたので、市民との関係性は悪くなったのです。

そこで、この予防原則が妥当かどうか調べてみましょう。私は彼女のこの論文を読んだとき、『水の環境戦略』で彼女がすでに主張していたリスクの総合評価の必要性を強調したのだと理解できました。[10] だから、「幼稚な」は言いすぎだと思ったものの、「おかしい」とは思いませんでしたが、市民たちの怒りを見て、もう一度この原則を検討してみたのです。そのときは「わからないもの」と「疑わしいもの」の関係性をよく理解していなかったので、分析が不十分になり、「この原則が当てはまらない場合もある」と思いました。ところが、今回もっとよく調べたら、大切な原則であることを再確認できたのです。

まず、「わからないもの」の存在形態を調べたところ、四つあることがわかりました。

①調べる手段がなく、不明のままおいておかざるを得ない。
②将来のことだから、誰もわからない。
③言っている人は信頼できるが、内容がよくわからない。
④言っている人が信頼できず、内容の真偽がわからない。

このうち、微量化学物質の安全性は①であると中西さんは強調しているのです。それなら、当然将来の影響などわかるはずもありませんから、②も当てはまります。だからといって、それらを使用しないわけにはいかないので、私たちは「わからないものは使用せず」という理屈を「予防原則」とはせず、「わからない」まま使ってきました。そうした状況のもとで、誰かが「それは危険だ」と言ったとき、言った人と言われた人の間の関係性が問題になり、③④が論点になるのです。

③を理解しやすい事例をあげてみましょう。ある医学生が、「マスコミなどが安全と言うと、『そうだ、安全なんだ』と思い、後は何も考えないのがフツー」と、的を射た「名言」を吐きました。彼女は、現段階では一応、人生の成功者で、いわゆる「体制」にあまり疑問をもっていません。社会との関係性は良好なので、マスコミを信用し、内容の検討抜きに、科学的にも自分にも「わからないもの」を危険側と見ないで、安全側で見ています。彼女は言った人を「疑って」いないので、「わからないもの」を「安心して」使用できるのです。このケースから、言う人を信頼していると、内容にかかわらず、「わからないもの」を安全側で見ていることが明らかになります。

④に関しては、中西さんと市民の関係や、体制に批判的な人と国や企業との関係性を思い出すと、わかりやすくなります。市民は、③の医学生と同様、中西さんが言っている内容の真偽を確かめる際に必要になる専門的基礎知識をもっていません。その状態で、「幼稚」とか「空騒ぎ」と言われたので、彼女を信頼できなくなりました。信頼のおけない人の言うことを鵜呑みにせず、「わからないもの」を疑って使用しないのは、私たちの知恵です。

したがって、「疑わしいものは使用せず」は「幼稚な予防原則」ではなく、賢い人の大切な「予防原則」になります。ところが、中西さんは「〈わからない〉ものは使用せず」は「予防原則」にならないと言うべきところを、間違って「〈疑わしい〉ものは使用せず」と言ってしまいました。

この分析から、安全と危険という相矛盾する性質の境界は、科学的・客観的に決まるものではなく関係性で変化するから、自分の経験と勘にもとづき、自分の責任で線を引かざるを得ないことがわかります。その結論を持ち寄り、境界の調整を行い、それをルール化して、微量化学物質を規制（あるいは管理）する必要があるのです。だから、ルールづくりには市民も参加して、専門家に任せる部分と市民が担うべき部分をよく学習し、専門家vs.市民の関係性を変えていくことが大切になります。

3　市民活動は社会実験

市民が専門家との関係性を変えていく

といっても、どのように変えていけばよいかわからないという人が多いでしょう。しかし、自分の体が実験体になっていることに気づいた化学物質過敏症の女性や、「ささえあい医療人権センターCOML」を主宰している辻本好子さんの活動を参考にすると、方向は見えてきます[11]。

乳ガンにかかった辻本さんは、自分の希望する乳房温存療法による手術を行ってもらえませんでした。医者をワルモノにしても、元には戻りません。彼女は乳ガンをただ怖いものとしか捉えず、医者任せで、医学的基礎知識をまったくもっていなかった自分にも責任の一端があることに気づきました。そして、化学物質過敏症の女性と同様、医者と患者（市民）の関係性を変える活動を開始したのです。それは、医療事故と捉え、弁護士さんに依頼して、専門家である医師の責任を追及してもらう、これまでのような市民活動ではありません。自らが両者の関係性を変えようとしているところに、私は新鮮さを感じました。

普通、手術や薬の投与などの治療行為は人体実験と違うと思われがちですが、実際には患者は「実験体」になって、「俎板の鯉」にならざるを得ません。だから、どのような治療（実験）方法があり、どの「包丁」で捌《さば》かれるか、よく知っておいたほうがよいのです。実験とは、予測どおりか否か実際に確かめる行為で、二種類に大別できます。

第一は、誰にも未知のことが予測どおりかどうか確かめる実験で、普通は研究と呼ばれています。「はじめに」で述べたアラにたとえると、自然や社会の実態を完全には認識できないことによって残る「第一種のアラ」探しです。すでに述べた化学物質などの安全性（毒性）を確かめる実験と、薬効や手術の有効性など利便性を調べる実験があり、いずれも動物や人体を材料にして行われます。薬の毒性や薬効を調べる実験は「治験」と呼ばれ、病院などで行われてきました。これをここでは「第一種のアラ」を探す「第一種の実験」と呼びましょう。

第二は、理科の授業などで行う実験のように、先生には既知の説を、学生や生徒が自分でできるかどうか確認する、先生の言ったとおりか否か確認する行為で、学生実験などと呼ばれます。これを「第二種の実験」と名づけます。

治療は実験のひとつと考えて関係性を築き直す

臓器移植に懐疑的な小松美彦さん（科学史、科学論）は、『死は共鳴する』という本のなかで、この第二種の実験が治療行為に相当するという、ギョッとする鋭い指摘をしています。[12] この本を読むまでの私の考え方は、ナチスや日本の七三一部隊が行った「人体実験」は許せないが、患者を治す「治療行為」はよいというものです。しかし、彼は治療と実験の間に垣根は設けにくいと言っているので、びっくりしました。

日常の治療行為は、既知のことがらを患者さんに実行するだけだから、実験ではないように見えます。しかし、それは「第一種の実験」をイメージしているからです。たとえば、新米の医者が手術をする場合、自分ができるかどうか確認する、先生が言ったとおりに治るかどうか確認する行為でもありますから、「第二種の実験」になっています。それで、小松さんは、治療行為も実験のひとつと考えたほうがよいと述べているのです。

実験と聞くと、治療より不安になるので、「いらぬ誤解を与えないほうがよい」という医者の卵もけっこういます。しかし、小松さんは「両者は違う」という誤解を解こうとしているのであって、誤解を与えようとしているのではありません。

人間が人間になす実験行為は、モノになすそれよりも非常に責任が重いのは、当然です。しかし、医者も人の子で、理性モデルどおり行動できない矛盾を内包しています。「患者を取り違える」という類の学生実験でしてしまうような初歩的失敗や、「上司が恐くて言うべきことを言えない」現実から、逃れられません。また、個性のある人間に対する治療行為は、モノと違って、いつも同じ反応が返るとは限りません。「薬が合わず」、大半の患者にはない副作用がごく少数の患者に起こる場合もあり、たえず新しい実験をしていると考えておいたほうが慎重になれます。

それゆえ小松さんは、医者と患者の双方が、医療行為は基本的に実験的性格をもつということを自覚して関係性を築くほうがよい、と提案しているのです。そうすると、たとえば「ガーゼを忘れていませんか」と尋ねたり、「この医者は本当のことは言えないだろう」と思いやすくなるでしょう。

このように専門家と市民の関係性に問題があるため社会に残ってしまうアラが、「第二種のアラ」です。そして、それを探し、修復する実験が、「第二種の実験」です。

社会実験では、論証可能な仮説を探す

医者が患者に対してなす行為が実験的性格をもつということは、問題に直面している人とそのアドバイザー、先生と学生、専門家と市民の関係など、人が他人に働きかける行為すべてに一般化できます。それは、以下の四条件を満たすからです。

① 自分が「正しい」と思って言ったり行ったりしていることが、そのとおりかどうか確認するには、他人に尋ねる以外にない。
② 人間は個性があり、変化するから、同じやり方がいつも成功するとは限らない。
③ 家事など日常生活での二人の関係は、ほとんど失敗がないか、あっても小さな失敗ですむ（小

さなアラを修復する）治療行為に相当する「第二種の実験」的性格をもっている。たとえば炊事・洗濯などは、ルールをつくり、うまくいっているが、たまに、どちらがやるかとか、やり方でもめ、うまくいかない場合がある。

④　非日常的なできごとについては、未知のアラを探す「第一種の実験」＝通常言われる研究と考えられる。

最近では④を「社会実験」とも呼び、「街づくりに関する住民参加の社会実験」などという表現に出会う場合があります。実験は物質系の学問だけで行われるのではなく、社会活動という人間系の学問領域でも行えるという認識が広がってきた例です。ここでは、③を「第二種の社会実験」、④を「第一種の社会実験」と呼びましょう。

このように一般化したうえで私の日常生活を振り返ると、講義や講演活動は「第二種の社会実験」、環境・ごみ問題に関する市民活動などは「第一種の社会実験」と位置づけられます。

講義は、医者の治療行為と同じように、定型化した行為ですから、大きな失敗はありません。仮にあっても、表現が少し不適切など小さな失敗ですみます。しかし、時代が変わり、新しい治療法が出てきているのに学習せず古いままでは、患者さんとの関係性が悪くなるでしょう。それと同様に、古い教科書のままだと、学生は聴いてくれません。学生に責任転嫁する前に、与えている情報の内容と与え方を振り返るべきです。

時代が変わり、聞き手の関心事項が変化したのに、内容が変わっていないからか、内容は変えているが、表現手段がまずいからか、どちらかでしょう。既知のことであっても、そこからどれを選択し、どれを強調し、どのように表現するかは、聞き手との関係性で変化します。それゆえ、そこを調べながら講義することは「第二種の社会実験」と考えられます。

講義に学生が関心をもたず、聴いてくれない場合は、昔は「正しかった」ことが必ずしもそうでなくなった恐れがあるからか、「術《うで》が落ちた」恐れがあるわけです。

また、後者の市民活動に関しては、物質系の学問と対応させてみると、「市民活動が学問になる」という意味がよくつかめます。物質系の学問が実験を行うのは、自分の「仮説」を検証するためです。「仮説」が実態を表していれば、期待する反応が還り、「各論」が得られます。還ってこないのは、「仮説」のどこかに問題があるからなので、反省し、再度新しい「仮説」を立てて実験するわけです。このように「仮説」を立てる→実験をする→失敗する→再度挑戦する→「各論」を得るという過程を経て、対象への認識が深められ、自分のなかに対象の「正しい」像ができあがっていきます。

「第一種の社会実験」でも、まったく同様の過程を経て、自分のなかに相手の「正しい」実像ができあがっていきます。ところが、理性モデルにしばられていると、像を修正する必要がないので、いつも固定的に捉え、時代・地域・相手に対して変えられません。たとえば、イジメやマナーなどは客観的に定義できず、基準は地域・時代・人によって違います。安全や汚れなどについても同様です。物質的に豊かでなかった時代には、「煙の都」の大阪が誇らしく、牛や鶏の臭いは気になりませんでした。しかし、現在は、それらは危険で汚いものの代表例になるという具合です。

関係性を左右するのは主義の善悪というより手段の巧拙

物質系の実験では、「定理や法則」が「正しい」ことは証明済みですから、変える必要はありません。一方、社会実験では、自分にとっては真理の「正しい」ことも、他人にとっては「仮説」の「主義」にすぎません。だから、善・悪の基準はたいてい一致せず、ズレるのが普通です。関係性がよいとズレが少なくなるけれど、悪くなると拡大します。

たとえば、上役や先生が「善意」で「指導や助言」したつもりであっても、関係性が悪いと「介入や非難」に映ります。身のためになる忠告は聞きづらいのは、一般的です。ところが、理性モデルにしばられていると、相手もよい側に解釈する「はずである」とか「すべきである」と思いがちになります。そして、「素直に聞けない」相手が、思っていた以上に（理性モデルからズレた）悪い人・バカな人に映るのです。

悪くなりかけた関係性がよい方向に向かうか否かは、主義の善悪というより、手段の巧拙、つまり「話し方」「行い方」次第の場合がほとんどだと思います。主義が形になった手段は相手に見えるけれど、その裏に隠れた主義は見えにくいからです。私たちは言いたいことを何かに「たとえ」て表現しますが、その巧拙・よしあしがキーになる場合がけっこうあります。

とくにむずかしいのは、悪いたとえの選択です。押しつけられた（と解した）憲法を強姦にたとえ、政務次官を辞職した議員がいました。憲法九条が不平等と思っているのなら、明治時代に不平等条約を改正した陸奥宗光に自分をたとえたら、そんな器か否かが争点になるだけで、辞職にまで追い込まれなかったでしょう。また、公害問題で、化学物質の怖さを強調するため、身体障害者を表す俗語を使う人にもよく出会いました。それをあからさまな論拠にすることは、身体障害者の存在を否定していると解釈され、彼らとの関係性は悪くなります。それゆえ、論拠にしないほうがよいと思いました。

環境の問題が人の問題にすり替わる

日本語や専門知識をよく理解し、的確に表現するのは、むずかしいことです。私がとくに注意したのは、ダイオキシン汚染は怖い状態と捉え、理性モデルを支えに活動してきた人たちとの対話です。私の仮説に彼らがどう応じ、どう反論するかに関心を集中し、私が的確に再反論できるかどうか試しました。以下は、彼らの反論と私の再反論、太字は理性モデルにもとづく発言、〈　〉内は理性モデルにもとづく再反論です。

① ダイオキシンは、七〇年代に比べて安全になっているというのは**言いすぎだ**。問題のある物質が生産され続けている。データが少なすぎるのではないか。

問題物質が生産され続けているが、母乳中や海底の泥中のデータは、七〇年代より減っている。したがって、言いすぎではない。データを増やせば、精度が上がるだけだ。

〈事実を直視すべき。専門的にはこのくらいのデータで十分〉

② 中西さんは**企業から研究費をもらっている**との声もある。データは信用できるのか。

実態を反映していないデータであれば、〝同業者〟から批判を受ける。とくに彼女は他者に厳しいから、跳ね返りがきつい。倫理面の強弱と論理の強弱を短絡させないで、別に語ろう。

③ 〈私は現在も彼女を良心派の学者だと思っている、研究費をもらっているというのはデマだ〉

ダイオキシンの専門家は宮田秀明さんで、森住さんはごみ問題の専門家だ。

たしかにデータの生産はできないが、理解はできる。私の解釈に間違いがあれば教えてほしい。

〈バカにしないでほしい！〉

④ 中西さんのデータは発ガン性で評価し、ダイオキシンの環境ホルモンとしての作用を**軽視している**。

環境ホルモンについては、表3のように人口一〇万人あたりの発生率を求められるデータは、現段階ではない。それで言及しないだけであって、軽視ではない。

〈作用が強いという証拠は示さず、軽視というのは、失礼ではないか〉

⑤ 環境問題の専門家が、「怖くない」と言うなんて**信じられない。楽観視しすぎでは！**

健康の悪化より、費用対効果が小さい施策による経済的疲弊のほうが早く表面化する。それに気づかないことを深刻に思っている。

〈データを冷静に見ているだけ。落ち着いて頭を冷やしては〉

これらを見ると、主要争点は自分の主観とは独立した客観データの評価であり、「他人がどの程度悪いか」ではなく、「環境がどの程度悪いか」になるはずです。ところが、「環境」と「他人」がすり替わっていることがわかります。

理性モデルどおり行動できれば、中西さんが知っていた汚染実態を市民が後で知り、自分は実態より怖い側にシフトさせていたと気づいたら、感情的にならず、時間コストがゼロで直ちに修正できるはずです。だが、現実には、感情的になり、気づかなかった自分を悔しく思っているところに、「幼稚」「空騒ぎ」「落ち着いて」などと言われると、感情を逆撫でされます。しかも、「冷静に」「落ち着いて」対処できない、理性モデルからズレた人であると指摘されるのです。

すると「火に油を注がれた」状態になった市民は当然、相手の理性モデルからのズレを指摘したくなり、証拠も不十分なお金の授受など倫理面も争点にします。そして、「バカにした」相手を非難し、「信用できない人」というレッテルを貼ります。さらに、「わからないものは使用せず」は「予防原則にできない」と言うべきところを、「疑わしいものは……」と言ってしまうと、相手を（理屈を）「わかっていない」「市民を忘れた人」にしてしまいます。

私たちは、「思い込み」をしている自分に気づきにくく、後で誤解と気づいても、容易に修正しがたい、矛盾した心をもっています。ところが、理性モデルを描いて話すと、自分vs.環境の関係を誤解したのに、誤解を指摘した相手との関係に神経が集中し、気づかぬうちに「環境」と「相手」がすり替わり、「相手がどの程度悪いか」を考えがちになるのです。

堂々巡りにならない手段を探す

他人の主義より自分たちの考えのほうがよいと思う人が集まり、その考えにもとづく社会を創る社会実験を開始したのだから、その考えを形にできる有効な手段を探すことが肝要です。「悪い」（と仮定した）相手に（論証抜きに）「悪い」と言っても、「堂々巡り」になるだけです。

「堂々巡り」とは言い得て妙の表現で、（主義の象徴である）「お堂」の周囲を、（それの表現手段である）「お題目」を唱えて巡るだけでは、求心力と遠心力が釣り合う円運動にしかなりません。大願成就するには求心力を強くする手段を探す必要がある、と教えてくれています。

外から見ると「堂々巡り」に見えるお百度参りは、一回回るごとに、自分の内面が変わり、それにつれ相手へのアプローチの仕方が変わるところに意味があります。それでも有効な方法が見つからず、一〇〇回目になると万策つきて「神頼み」になるのでしょう。ところが、理性モデルにしばられていると、「主義は、時間コストゼロで形になる」と思い込むので、自分でなく「相手が直ちに改心する」ことを期待します。それで、相手へのアプローチの仕方をいろいろ考えずに、「最後の神頼み」を最初に行おうとするのです。

現実派は求心力を得るべく、相手にとってあまり痛痒を感じない「営利第一主義の企業」などという悪口（を言う方法）はほどほどにし、「一寸の虫」であっても達成可能な方法を探そうとします。ところが、それで得られるのは小さな成果でしかないため、「何も変わらない」ように見えます。それで、理念派は現実派を「腰が引けた」「権力に擦り寄るつもりか」などと牽制。相手がどの程度悪いかを話し合う堂々巡りを再開したくなるのでしょう。

成熟モデルに立ち、個人としてつきあう社会実験

これに対して、関係性を築くのに適した成熟モデルに立った社会実験は、互いに未熟な者が自分とモノ、自分と他人の関係がどうなっているかを語り合う現状分析から始まります。そのとき、他人が知っていて自分が知らないことが出てきたら、少しショックだけれど、聞けばトクにもなるので、関係性はよくなっていきます。

次に、他人はさておき、現状を「どうするか」という話になります。「どうするか」は、考え方（主義）ではなく、方法（手段）の是非をめぐる議論です。理性モデルでは「他人がどの程度悪いか」を「考える」のに対して、成熟モデルでは「自分が」「何を」「どの程度」「（いつから・どこで）するか」を「考える」のです。すなわち、他人の抽象的悪口を言って、改心を期待する方法ではありません。企業や行政など「強い」「団体」の悪い点を具体的に論証し、外へ発表する方法を探すのです。

「団体」と断ったのは、そこに属する個人は、必ずしもその団体が標榜する表の主義の心からの信奉者ではないためです。ホンネは懐疑的になっていても、立場上タテマエを言わざるを得ない人が多いでしょう。

すでに述べましたが、出会った人の意見をホンネと解するかタテマエと解するかで、怒りの程度が大きく変化し、それにつれて（社会実験の際）とるべき手段の強弱が変化します。一般に、手段が強硬になると一か八かの面が強くなり、逆に軟弱になると軽く見られるでしょう。いずれにしても、相手がどう対応するか、十分に調べないままサイを投げると、成功確率が低下します。たとえ怖くても、

「虎穴に入って虎児を得られる」社会実験にするためには、「団体の人」ではなく、「団体に属する個人」としてつきあうことが大切です。

彼らは、扱うお金の額、仕事の影響が自分や他人に跳ね返る程度という二つの面で、市民活動や日常生活よりはるかに重い厳しいジレンマに出会っています。なかには、市民以上に理屈を研ぎ、勘を磨いた人たちがいます。彼らを「団体の人」と抽象化してしまうと、その経験や勘を学べなくなるので、よい方法がなかなか見つかりません。

このような社会実験は、言葉の正確性や理解度、短い時間で的確に答える表現法の基準を、理性モデルのように到達できない抽象的なところには置きません。以前の自分の具体的行動や言い方に置くので、成長が実感しやすくなり、関係性がよくなった喜びを体験できます。

（1）槌田博『ダイオキシンの原因を断つ』コモンズ、一九九九年。
（2）中西準子『水の環境戦略』岩波新書、一九九四年。
（3）田中勝「廃棄物処理とダイオキシン問題」『都市代謝システム工学通信』五号、北海道大学大学院都市代謝システム講座、一九九八年。
（4）中西準子『環境リスク論』岩波書店、一九九五年、一五二ページ。
（5）『朝日新聞』一九九八年一一月一一日。
（6）『朝日新聞（夕刊）』一九九八年八月二四日。

(7)『朝日新聞（夕刊）』一九九八年六月二六日。
(8)「化学物質過敏症ネットワーク」（電話〇四六七―四五―七六一四）のパンフレットより。
(9) 中西準子「『環境ホルモン』空騒ぎ」『新潮45』一九九八年一二月号。
(10) 前掲（2）第4章。
(11) ささえあい医療人権センターCOML（Consumer Organization of Medicine & Low）（電話〇六―六三一四―一六五二）のパンフレットより
(12) 小松美彦『死は共鳴する』勁草書房、一九九六年、第3章。

第4章　社会問題を解決する工夫——自分vs.社会の関係性の再編

1　社会実験としての「やみごみ」問題

ごみ焼却工場の建設自体を阻止できるかもしれない

最後に、この本を書きたくなった理由の一つである、平川司さんたちといっしょに取り組んだ大阪市の「やみごみ」問題是正の経過と最近の成果を述べましょう。

平川さんと出会った一九八〇年代前半、私は公害があることを証明する活動に限界を感じていました。第3章で述べたように、私たちが問題点を指摘すると改善されていきます。たとえば現在も続いている松原市のごみ焼却工場建設反対運動の場合、計画段階だったので何度も修正され、残った争点は煙突の高さが四一メートルを超えられないという立地上の問題点だけでした。しかし、住民のホンネは、「公害さえなければ建ててもらってもよい」というのではありません。「イヤなモノが相談もなく造られる」ところにありますから、ホンネが満たされなくなるのです。

私は七〇年代なかごろから大阪市職員労働組合（以下、市職労）などに講師として招かれるようになり、やみごみ問題を知りました。七〇年ごろから、事業系ごみを収集している業者が、廃棄物処理法で定める産業廃棄物や一般廃棄物を法律どおり区分けするのは実際上むずかしいという法の基本的矛盾を悪用して、他自治体の事業系一般廃棄物や、工場などから排出される産業廃棄物を大阪市のごみ焼却工場に多量に持ち込んでいたのです。市職労では、それを是正する取組みを始めていました。このケースなら、うまくいけば焼却工場の建設をストップさせる可能性が出てきます。それで、平川さんたちに、やみごみ流入の有無を争点にするように勧めました(1)。

裁判での具体的な論争の経過は『人が主役のリサイクル』に書かせてもらったので、ここでは、私や平川さんと大阪市の職員などの関係性がどう変わったのかを中心に述べていきます。

ただし、やみごみをこちらの都合で定義し、多量に流入していると言っても、法的な定義ではやみごみにはならないと反論されれば、裁判は終わりです。これは公害裁判でも同様で、公害の定義を共通にしないと、平行線になってしまいます。裁判で平行線になると、住民側に不利です。いくら問題があっても、法的に認められた定義を裁判所が優先するのは当然ですから、ここは譲歩せざるを得ません。この事情はやみごみより公害のほうがわかりやすいので、まず公害に関する論点の整理の仕方を述べましょう。

公害の定義を一致させる

行政側は、法律や過去の研究成果にもとづいた指導書を使えばすみます。これに対して住民側が、たとえばごみ焼却工場の煙突から出る排ガスに含まれる有害物質を吸うことにより健康が冒される怖れを主要争点にしたとします。その場合、①有害物質の種類、②煙突出口での値、③空気中に出て地上に落ちてくる割合、④それが体内に入る割合、⑤健康に与える具体的影響などを住民側で明らかにしなければなりません。

たとえば、住民側がダイオキシンも有害物質の一つに入れるべきだと主張するのであれば、①〜⑤をすべて証明しなければならなくなります。しかし、住民側を支援してくれる数少ない研究者ではなかなかむずかしいので、やむを得ず行政側による有害物質の定義に従わざるを得ません。相手の土俵に上がって、論争せざるを得ないのです。そのため、理性モデルで捉える人から「主体性を放棄して勝てるはずがない」と言われる手法になります。

それでも、表1（一九ページ参照）に示した裁判では、津島市でほぼ九割完成した建設工事をストップさせるなど、それなりの成果がありました。法律や指導書は、理性モデルを前提にして書かれています。しかし、現実には十分に理解できない人が担当するケースもあるし、理解しても時間やお金が問題になり、「第二種の実験」（二〇三〜二〇七ページ参照）がマニュアルどおりにはできず、「第二種のアラ」が残る場合があるからです。

この実験に市民側から参加するためには、物質系の学問の基礎知識を自らのモノにする必要がありますが、それは実験途中に必要に応じて学べばよく、大学に入る必要はありません。日本語に強くなれば、どこでも学べます。実際、弁護士は、そうして対応しています。

やみごみの定義を一致させる

やみごみか否かは、ルール次第で変わります。定義するために物質系の学問の基礎知識は不要で、法律を読めば可能です。ところが、いざ読んでみると「むずかしい」「頭が悪い私には無理」と嘆く人が多く見られます。しかし、そうではありません。体系的に書くとむずかしくなるのです。たとえば廃棄物処理法を第一条から読んでいくと、特別管理一般廃棄物など、生活とどうつながるのかわからない抽象的な言葉がたくさん出てきます。その一方で、家庭や勤めている企業のごみの出し方に役立つ条文はどこにもありません。それらはふつう、市町村の条例や要項に書かれているからです。

法体系は、法律（国会が制定）・政令（内閣が制定）・省令（各省庁が制定）・通達・都道府県の条例・市町村の条例と段階的に構成されており、上になるほど生活と離れていきます。したがって、具体的な仕事や生活の場面が想像できる条例から勉強し、遡っていくほうが、わかりやすくなります。

法学を専攻したわけではない私は、ある企業のごみがやみごみといえるかどうか知りたいという発想で、条例から読んでいき、次の二つがわかってきました。

① 家庭とビルや商店から出るごみは一般廃棄物と呼ばれ、発生した市町村での処理が義務づけられている。

②　建築現場などから出る産業廃棄物は、排出者自身での処理が原則になっているから、市町村に処理義務はない。ただし、受入れが禁止されてはいない。条件次第で受入れ可能であるから、大阪市は受け入れている。

住民の気持ちとしては、全産業廃棄物＝やみごみと思いたいのですが、法的にやみごみと言えるモノに限定しないと、議論の相手にしてもらえません。大阪市と定義を一致させてはじめて、平行線にならず、かみ合った議論が可能です。

やみごみ搬入の事実を明らかにする

裁判では当初、私たち住民側の弁護士さんが手軽に入るごみの統計データを比較し、他の大都市に比べ商店など事業系のごみの比率が高すぎる事実を示しました。しかし、大阪市は、次のように反論し、すんなりとは認めようとしません。

「卸・小売業など第三次産業が活発な商業都市大阪の特長であり、他都市などからの違法ごみ搬入のせいではない。たとえば、面積あたりの事業所数の増加率は、東京の一・五倍である」

状況証拠だけではダメなのは、どの裁判でも共通しています。

そこで、直接証拠を求めて、平川さんや弁護士さんとともに、夜中に〝張り番〟をしました。まず、収集業者が焼却工場に持ち込むルートをあらかじめ調べます。そして、大阪市外でごみを積み込む現場をおさえ、搬入車のナンバーを控えて連絡し、搬入現場に立つメンバーが確認するのです。八〇年代はまだ携帯電話がなく、〝まかれた〟ケースもありましたが、成功例を裁判に提出。「商業都市の特長」だけでは説明できないことを示しました。

これを受けて大阪市は、違法ごみを搬入した業者を処分しました。しかし、そうした事例はごく一部で、問題にするほど多くないと反論するのです。

大阪市の反論を受けて問題点を探す

大阪市はさらに、やみごみの搬入量は多くないことを示す二つの調査結果を裁判所に提出しました。初めは職員による調査です。大阪市内の約九〇〇事業所に出かけ、ごみの体積を調べ、それに見かけ比重をかけて重さを出しました。このデータをもとにして統計学を用い、市内の全事業所の排出量を推定しました。その結果と、収集業者が市内の全事業所と契約している量と比べたところ、ほぼ同じであったから、他自治体のごみを紛れ込ませてはいない、という結果なのです。

しかし、ごみの重さを測らずに体積を測り、それに見かけ比重をかけるという〝回り道〟をしているのが怪しいと思いました。そこで、平川さんたちと市内のホテルや食堂、ビルなど約三〇軒を訪れ、ごみの重さと見かけ比重を測定したのです。すると、大阪市の調査は、実際の見かけ比重より約三倍も高く見積もり、収集業者が水増しした量とつじつまを合わせていました。

実態に近い見かけ比重を使うと、〝やみごみ〟の搬入量は年間約六〇万トン。人口が一〇万人の場合、一日一〇〇トン程度を約三〇〇日焼却しますから、年間で約三万トンになります。それの二〇倍ですから、人口二〇〇万人の大都市のごみが流入していることになるのです！

職員による調査が役立たなかった大阪市は、民間の統計調査会社に委託して、二回目の調査を行いました。まず、約八万にも及ぶ市内の全事業所から約五〇〇カ所をサンプリングします。そして、契約量と実際の排出重量（今回は体積ではありません）にどの程度の差があるかを調べたところ、両者にあまり食い違いはなかったという結果でした。

重量を測定し、統計の専門会社を使った結論だから、本当のように見えます。しかし、これも統計の基礎知識があれば見破れるウソでした。統計学では、全事業所を母集団と捉え、そこから標本を抽出します。その際、無作為に標本を選ぶと、全事業所の平均排出量と、標本に選ばれた事業所の平均排出量は、ほぼ同じになるのです。逆に、そうならなかったら、標本は全体を反映しておらず、偏ったものが選ばれたと考えます。

大阪市の調査では、母集団の平均値は一日あたり四六kgです。ところが、標本の平均値はなんと二五九kgと五・六倍にもなっていました。標本に選ばれた事業所は、全事業所の平均よりも、ごみをかなり多く排出するところばかりだったのです。そんな標本から全体の量を推計すれば、実態より多くなるのは当たり前でした。

大岡裁きができない裁判所

大阪地方裁判所は九一年、大阪高等裁判所は九六年、「裁量権の幅（具体的には割引率）が適当かどうかでなく、社会通念上著しく妥当性を欠く結果が生じているか否かで判断」して、住民側の負けと判断しました。また、最高裁判所は九九年、高裁の判断を支持して住民側の負けが確定しました。地裁と高裁は、「人口二〇〇万人分の大都市のやみごみが入っていること」を認定すると、「社会通念上妥当性を欠く」ことを認めざるを得ません。それで、「大阪市が提出したデータの見かけ比重を正しい値に変えると、六〇万トンになる」という計算結果を知らぬ振りして、「多量に入っているという証拠も根拠が不十分」と認定したのでしょう。

また、ひょっとして、見かけ比重の意味を知らなかったのでは、とも勘ぐれます。「知らぬ振り」でなく、このようなわかりやすい根拠をホンネで確かめられない、〝バカ〟な裁判官だったのかもしれません。

知っている基礎知識をどう使うかの裁量も、関係性次第です。裁判所は、対市民より対行政の関係性を大切に考えて、「知らぬ振り」をしたのだと思います。二一四ページで述べたように、裁判を担当した市の職員などを「行政の人」でなく、「行政に属する人」として見る目が裁判官にあれば、結果は変わっていたでしょう。しかし、担当裁判官は「大岡裁き」ができる人ではありませんでした。

水はけが悪いために大雨で浸水した地区の住民が大阪市を訴え、住民が勝訴した裁判がありました。そのとき、下水道局の心ある幹部は、記者会見では残念な振りをしながら、終わって引きあげると、「やった！」とホンネを言ったそうです。改善するための予算が取りやすくなるからです。やみごみの裁判でも、ごみ問題を担当する環境事業局の心ある幹部がそのような「大岡裁き」を望み、以下に述べるようなサインを送っていたのに、裁判官たちは見落としてしまいました。

2　行政・住民それぞれの知恵

ごみを格安で搬入できる収集業者

多量のやみごみが流入するようになったのには、やむを得ない事情があったのです。

大阪市の条例では、収集業者は収集先から処理料金を徴集し、市の焼却工場へ持ち込むときに処理料金を支払うように決めています。ただし、零細な収集業者を保護するために、「市長は収集業者の搬入料金を減免できる」という条項もあるので、大阪市はこれを適用し、長い間、ほとんど無料で搬入できるようにしていました。八五年当時、搬入料金は一kgあたり三・九円と規定されていましたが、実際には九割も減免され三九銭ですんだのです。それで、収集業者は他市の一般廃棄物や産業廃棄物を大阪市に持ち込むようになり、その量は年々増えていきました。

焼却工場の整備が始まる六〇年代までは、大阪市が埋立地を用意し、収集業者は無料で、ごみを持ち込んでいました。焼却工場が完成して搬入を有料としたため、その分だけ排出事業者からもらわないと、収集業者は損をします。しかし、得意先である排出事業者からはもらいにくいので、収集業者と大阪市の話合いで減免制度が始まったのです。

当時は、事業系一般廃棄物の排出量はそれほど多くはありません。担当する係も少なくてすみました。しかし、収集量や収集業者の数が増えていったにもかかわらず、担当組織は充実されず、収集業者の不法行為を見逃さざるを得なかったのです。そのため、〝悪ノリ〟した収集業者が現れてきました。彼らは処理料金を安くして得意先を広げ、大阪市外に中継基地を持ちます。そして、集めた他都市の一般廃棄物や産業廃棄物を大阪市公認の大型車輌に積み替え、市内の焼却工場へ持ち込むのです。こうして、大手に成長する業者も出てきました。

労働組合はこの状況を是正しようとしましたが、手に負えません。心ある市役所幹部も同様で、何とかしたいとは思っていたのですが、うまい方法が見つからず、先送りせざるを得なかったのです。

大阪市の知恵

彼らは平川さんたちが起こした裁判を「善用」し、当初から「負けるが勝ち」を貫く戦略を立てたのだと思います。それを示すヒントがいくつもありました。

第一に、大阪市の弁護士の選び方です。いつも行政側に立つ人ではなく、ごみ問題に関心があり、弁護士会主催の集会で私も会ったことがある弁護士でした。誰を選ぶかは、大阪市の責任者の裁量です。

第二に、大阪市の二回の調査は、〝たたかれる〟ことを承知で提出している可能性が強いことです。容易に見抜かれるウソが暴露されると当然、裁判で不利になるにもかかわらず、あえて出したのは、「負ける」ための通過儀礼とも思われます。

第三に、大阪市に非常に厳しい結論を導き出すことが予想される、ごみ問題に詳しい三人の学者に、収集業界を近代化するための研究を依頼したことです。実際、その報告には「市域外ごみの搬入がこれまでに処分された事例を大きく上回っているものと推測しており、（中略）現在の制裁内容は不十分であって、抑止効果を上げ得ていないものと判断する」とか「市域外ごみの流入量は（中略）大阪市環境事業局の説明する量を上回るものではないかという疑いを、本研究会としては捨てさることはできない」と書かれており、違法ごみ搬入問題を是正するよう強く求めていました。[2]

第四に、この報告書は大阪市ではなく住民側から大阪高等裁判所に提出され、代表者の高月紘先生が住民側の証人として出廷するという異例の経過をたどったことです。大阪市側からは提出しづらいこの報告書は、密かに平川さんに届きました。

第五に、大阪市の担当者が、大阪市が発行する英語の雑誌で、やみごみの搬入量を約二〇万トンと推定する論文を九九年に発表したのです。[3] 裁判では数万トンとしか主張していなかったのですから、大幅な修正です。英語の論文にしたのは、直接の上司や他の部局の関係者のチェックが甘くなり、公にしやすいからでしょう。

組織のなかでこうした問題に主体的にかかわろうとするとき、理性モデルどおりに動くと、たいてい担当からはずされます。しかし、この例のように組織体の運用ルールを熟知して、知恵を働かすと、大きなもめごともなく解決できます。担当からはずしてほしいと考える有力者が上司などに働きかけても、ルール内で動くかぎり、〝適当な〟理由がないからです。

この懐の深い責任者が私の想像どおりの人かどうか、現時点ではわかりません。しかし、行政にはこのような知恵者がけっこういて、「第二種のアラ」を修復し、市民との関係性の悪化を食い止めています。

私も煤塵が計画どおりに除去できていないデータを高槻市のごみ焼却工場長からもらいました。また、松本市でごみ焼却工場の公害問題を問う裁判を起こした杉田勲彦さんは、焼却工場の分厚い仕様書を京都府の乙訓《おとくに》環境衛生組合の責任者からもらい、裁判に活用しました。これらのデータ・資料を非公式に他人に渡すといわゆる「内部告発」になりますから、容易にはできません。情報公開制度が整っていない時代には、心ある職員は「綱渡り」せざるを得なかったのです。そうしたなかで、大阪市の責任者は、「綱渡り」でなく「負けるが勝ち」を実践したのに、気づく裁判官がいませんでした。

ケムタイが重要な立場を私に迫った知恵者

これに劣らぬ知恵者が、大阪府の南河内清掃施設組合事務局長の仲谷延雄さん（九九年度末に退職）です。九〇年ごろ、大阪市の社会教育講座でごみ問題シリーズがあり、私も講演しました。そのとき、私が支援するごみ焼却工場建設反対運動に直面していた仲谷さんが最前列に座っており、終了後ただちに、施設の必要性を理解しない住民の味方をする理由を私に尋ねたのです。

一般に行政内部にいると、たとえ事務局長に出世しても、ごみ関連の職場の場合は左遷されたという思いが消えにくいそうです。そうした職場で反対派住民と話ができるのは自分しかいないことに気づいた仲谷さんは、「理を説くべき学者が、理に合わないことをする理由を聞きたい」と言いました。一瞬、ギョッとしたけれど、以前読んだ本で幕末から明治時代の政治家・榎本武揚の生き方が非常に印象に残っていた私は、以下のように話しました。

「優秀な幕臣であった武揚はヨーロッパに留学し、開国の必要性を知る。だが、彼は新撰組の残党を連れて函館の五稜郭にこもり、新政府にたてつき、後に役人になるという、非常に矛盾した人生を歩んでいる。安部公房によると、武揚は開国と攘夷という相反する考えの者が江戸で衝突し、一般住民をまきぞえにするのを避けるため、ホンネは開国であるのに攘夷派の味方をして北の果てで衝突させ、『負けるが勝ち』を実践したという。尊王攘夷から出発した明治維新は、最後は開国へと一八〇度方針がひっくり返った。『情』が『理』に先行する矛盾は時代を超え、反対派住民も背負っている。攘夷のエネルギーを開国に転化させるのは、行政の『懐の深さ』次第でないだろうか」

これは、安部公房の小説『榎本武揚』の「あとづけ」で、半分懐疑的でもあったのですが、仲谷さんは実在する「武揚」でした。しばらくして河内長野市の幹部に、私は「理に合うことを求める学者」であると紹介してくれたのです。

このとき幹部は、私にむずかしい立場の選択を迫りました。「行政の味方についてもらうと困るが、相談には乗ってほしい。行政が安全だと言っても信用してもらえないが、住民の味方だと思われているあなたなら可能だ」と言うのです。これを受けて私は、市の焼却工場建設責任者に住民のホンネを説明し、不信感が高まらない解決策を考えようと提案しました。幹部が私に迫った立場がＮＰＯ

のポジションであり、「第二種のアラ」を修復する、「綱渡り」を超える知恵ある方法だと後で気づいたとき、この幹部も知恵者だと思いました。

平川さんたちの知恵

地域の自治会活動などにも関心の深かった平川さんは、人のネットワークを活用して、多くの知恵を生み出しました。おもなものをあげてみましょう。

①切り崩しに強い裁判という手段を選んだ

運動開始時は、六つの連合自治会が参加していましたが、大阪市の激しい切り崩しの前に、最後は平川さんの属する自治会だけになります。しかし、裁判は一人でもできるので、運動は続けられました。ただし、大阪市の公害対策は充実しているので、勝ち目がないことを知っている弁護士さんの協力を得るのに苦労したそうです。

②キーパーソンになるテレビ記者と知合いになる

平川さんたちは、多くのマスコミ記者に取材や報道を依頼しました。しかし、どこで燃やそうと環境が汚染されなければやむを得ないと捉えられたり、部落問題（ごみ処理事業には非差別部落出身者が多い）にかかわるのを避けられたりして、なかなか関心をもってもらえなかったのです。そのなかで、あるテレビ局の記者だけが長い間にわたって取り組んでくれました。

そして、やみごみの収集現場から大阪市の焼却工場に入るまでのルートを空から追う映像、市職員が張り込んでいる焼却工場にやみごみを持ち込んだ収集業者が必死で逃げる場面などの〝ドキュメント〟を、ニュースにしたのです。この効果は大きく、是正しなければならないと思う人が増え、大阪市もやみごみの搬入を断つ決断をしやすくなりました。主義を有効な手段に変えられるテレビ記者と知合いになれたことと、その記者の力量が、キーになったのです。「書く」という手段は、過去の証拠のうち文字化できる部分しか伝えられません。一方、「映す」という手段は、文字化できない情報もリアルタイムで伝えられるので、訴える力が大きいのです。

③「罪無き者石を持て」を貫いた

大阪市に減免条項の制定を働きかける中心になったのは、部落解放運動に関係する人たちです。やみごみの問題を表面化させると彼らの悪口を言うことになり、「ややこしくなる」と語る記者に、私も出会いました。しかし、私も平川さんたちも、そうなりませんでした。それは、「罪無き者石を持て」の原則を貫き、収集業者の悪口を言うのは避けたからです。

なかには、平川さんにアドバイスを求める収集業者も現れました。内部で是正しようとしても、多勢に無勢で、よい方法が見つからないからです。大阪市が是正に本気になり始めたとき、ポーズと言われるかもしれませんが、他の業者グループより早く是正の姿勢を示したのは彼らでした。

そもそもこの問題の発端は、ごみが増え、埋立てではたちいかなくなったことです。

大阪市がその技術的矛盾を解消する焼却という手段を採用したところ、搬入料金を有料にしなければならなくなり、収集業者の収入が減るという経済的矛盾が顕在化しそうになります。そのとき、収集業者の搬入料金を減免する以外に、下水道料金のように大阪市が排出事業者から直接徴収する方法もありました。この制度なら、収集業者が排出事業者から「値切られる」恐れはありません。しかし、結果として減免制度が採用され、是正するチャンスを見つけられないまま先送りされていきました。

一方、厚生省は、産業廃棄物と一般廃棄物の境界、およびある自治体と他自治体の一般廃棄物の境界を現実に引くのは大変困難であるという実態を知りながら、是正策を先送りしました。それで現場では、産業廃棄物と一般廃棄物、および複数の自治体の一般廃棄物を取り扱う許可をもらった同一業者が、搬入料金が安い自治体の一般廃棄物処理施設に、産業廃棄物と他自治体の一般廃棄物を違法に持ち込み続けていたのです。

減免制度を利用して収集業者は、処理料金を値下げしました。料金が安くなった排出事業者は、この制度に無関心でいることが漁夫の利を得ることにつながるので、黙っていました。周辺都市は、処理しきれない事業系一般廃棄物を大阪市が焼却してくれるので、「さわらぬ神にたたりなし」を決めこんでいました。市民は、ごみに無関心で、しんどい・汚い仕事を処理業者任せっきりでした。

このように、互いの悪が複雑に関連して生み出された結果の悪であり、「石」を持てる者はいません。しかし、是正はしなければならない問題ですから、別の選択肢を取る余地があった「強い」大阪市の悪を糺すことにしたのです。

善悪は関係性のなかで存在する

善悪は、単独では存在しません。さまざまな関係性のなかで、色彩を変えながら、生きています。したがって、直接退治しなくても、それをめぐる関係性を変えるように努めると、自壊する場合があるようです。最近はごみに光が当たるようになり、製造業など「強い」動脈産業界が関心をもって、乗り出してきました。「弱さ」を隠し、強く見せるために「コワモテ」で乗り切ってきた、廃棄物の収集・焼却などの静脈産業界は、小さな悪を自浄しないと業そのものが自壊に追い込まれそうです。困難な課題ではありますが、平川さんが投じた一石がきっかけになって、少し光が見えてきました。さらに、部落解放・人権研究所の編集者が、平川さんを主役の一人にした『人が主役のリサイクル』を業界団体との橋渡し役に使ってくれ、関係性改善の途が見え始めています。

（1）その際、市職労の取組みを文書化した物的証拠が必要になる。幸い研修会の報告書をもらっていたので、使うことにした。公表された文書であるし、自由に使ってもかまわないと思ったが、勝手に使うと市職労との関係が悪くなる。市職労内の私の理解者に相談したところ、「使わせてほしい」と言ってはダメで、「使わせてもらいます」と言うとよいと教えてもらい、そう言った。だが、市職労側にとってはショックだったようで、しばらくは関係性が冷えた。彼らは、全面公開ではなく、関係者への公開のつもりだったのである。

（2）「大阪市の廃棄物収運業界近代化に関する研究（報告）」『大阪市廃棄物収運業界近代化研究会』一九九一年三月。

（3）Hidekazu Abe, Relations between Economic Trends and General Waste from Business Sources in Osaka City, p 1. OSAKA, No.34, Feb., 1999.

おわりに

村上陽一郎さんは、学者の研究対象には「自分自身が入っていない」と指摘し、河合隼雄さんは、人間を対象にする「心の科学は私自身が問題になる」と言っています。村上さんは自問自答を勧めていますが、凡人には厳しすぎると感じました。「自分が相手にどんな態度で立ち向かうかによって相手の反応は違ってくる」と、身近な人との対話を勧める河合さんのほうが「ぴったり」きます。いずれにせよ、この二人との出会いが、民際学が生まれるきっかけになりました。

大脳内にできた、自分を支える理性モデルの論理構造が再編され、成熟モデルのそれに生まれ変わるには、想像以上の時間がかかると思います。ところが、理性モデルではこの時間がゼロと仮定されるので、「一言言えばわかる」の後に「はず」がついたのです。「はず」をつけると、自分にとっては既知なものは、相手も当然わかるはずと思ってしまいがちになるので、分析不足になり、「第一種のアラ」が残ります。

大阪府能勢町のダイオキシン事件で、焼却工場の屋上に設置されたクーリングタワーの「水しぶき」の中に含まれていたダイオキシンが「飛び散った」のに、専門家は「煙」中のダイオキシンが「降り積もった」という発表をし、風評被害を拡大しました。焼却工場の技術は複雑化しています。クーリングタワーと排ガス中のダイオキシンの関連性は、十分に検討したはずの専門家でも気づかなかった「第一種のアラ」の典型例です。

茨城県東海村のウラン加工施設ＪＣＯの放射能取り扱い事故でも、雪印乳業の食中毒事故でも、少し専門知識をもっている者なら「まさか」と思う行為が引き金になっています。「やばいことになるのでは」と懸念していた人もいるでしょう。しかし、大きな組織のなかではうまく是正されず、「第二種のアラ」が残り、表面化してしまいました。

かつて戸田裕己さんから「アラ探しをして」と言われたとき、理性モデルにしばられていた私は、どこが分析不足になっているか見えず、うまく答えられませんでした。しかし、村上さんと河合さんとの出会いで、「自分が分析対象になっていなかった」ことに気づき、自分と社会の関係を捉え直してみたのです。

第二種のアラが残されたことによる被害の多くは市民がかぶり、うまく解決できなかった歴史があります。だから、市民が「疑わしいものは使用せず」を予防原則にし、専門家の分析結果に対して「前も同じように安全と言ったけれど被害が起きた」と信用しないのは道理です。「心配」が「杞憂」であることをわかってもらうには、結果だけを示すのではなく、分析過程に参加してもらう必要があります。そして、第一種のアラを残さざるを得ない専門家の限界と、第二種のアラは両者の関係性の希薄化から生じることを知ってもらい、両者の役割分担を決めることが大切です。

市民は、未知のことを探る第一種のアラに関しては脇役の監視役です。一方、既知のことを確認す第二種のアラに関しては主役になり、専門家をコーチ役にして両者の関係性を再編し、被害を受けないような関係性を創る必要があります。

裁判は「第二種のアラ」探しを行う「第二種の社会実験」です。ところが、現実には、市民は「名」のみの主役で、代役をした弁護士や学者が実際の主役でした。専門知識不足の住民は主役になれません。それなら、市民が主役、専門家がコーチ役になることを目標にし、両者の関係性を再編する「第一種の社会実験」が必要になる！

ここまで見え始めたころ、現在の上司の林紘三郎先生から学位論文を書くように勧められました。当初は、工学博士の範疇からはズレすぎているし…と迷っていましたが、より一般的な学術博士という称号があると教えてもらったので挑戦する気になり、五年かけて書き上げたのです。

書いている途中は、このような考えを形にする簡潔な表現が見えていなかったので、「一人称で語る科学」と名づけようと思っていました。そのとき中村尚司さんが提唱した「民際学」を知り、一挙に頭の中が整理されます。コーチの役割を探すことが、関係性創造主義の民際学の主要研究課題そのものだったからです。ただし、表現がむずかしすぎて、もっとも読んでほしい市民活動をしている人は手に取ってくれないだろうと思ったので、三年かけて書き直しに挑戦しました。

この論文に構想段階から注目してくれたのが、当時、学陽書房で「二一世紀の学問」シリーズという大ボラを構想していた大江正章さんです。また、私の拙い日本語を手取り足取り直し、最初の単著『ゴミと下水と住民と』を世に出してくださった北斗出版の長尾愛一郎さんにも関心をもっていただきました。どちらから出させてもらおうか迷ったけれど、先約だったこともあり、この本は大江さんが新しく九六年に創設したコモンズから出すことになりました。

なお、中村さんは、あまり読んでもらえない大学の研究雑誌『龍谷大学経済学論集』を改善すべく、ねばり強く関係者と協議を重ね、民際学特集を年一回、組むことができるようになりました。そこには、市民活動を自ら行ったり支援している仲間が、貴重な活動報告をまとめています。紙数の関係上、本文で取り上げられなかった例を三つ紹介します。

① 経済学の素人の私が、「経済成長すると経済的でなくなる」矛盾を手がかりに考えた双方向の環境経済学を龍谷大学の学生に講義したところ、「講義離れ」が消えた事例。

② 他大学の大学院生であった前浜則子さんと、調査対象にした市民とのつきあいを重視する民際学的アプローチで行ったフリーマーケットに関するアンケート調査報告。

③ 若き民際学者・山川肇さんが、講義に対する意見や批評を学生に書いてもらい、次回までにそれに対する意見をまとめるという、双方向の講義を環境問題に関して実践した報告。

ケネディの暗殺事件を題材にした映画「ＪＦＫ」を見て、民主主義＝多数決と教えられ、市民運動にかかわるまで疑問をもたなかった自分の限界を知りました。主人公の検事は、外の悪を糺すのではなく、中に生じた傷を自分で癒すという考えで、怖さを超える勇気を獲得し、問題に取り組んでいました。彼の試みすべてが「民主主義」を体現する「手段」であり、「多数決」は各自の取組みを皆で評価する一「手段」にすぎなかったのです。

この検事の生き方を知っていたら、大学「闘争」もしくは「紛争」でなく、一人でできる「改革」を模索していただろうに、と思いました。大阪大学基礎工学部の玄関に掲げられた「科学と技術の融合をめざす」という看板への魅かれ方が違っていただろうと思うからです。民際学に到達するまで、両者は「元々融合して発展してきた」ことに気づきませんでした。すでに達成された主義を到達目標にしてきたのですから、工学部との違いが鮮明になる新しい学問が生まれるはずはありません。

今後、五年たらず、学力低下が憂えられている後輩たちとともに民際学に多くの実をつけ、善き Public Relations を結びたいと思います。あまり関心がもてなくなった教科に関する彼らの学力は確かに落ちていますが、情報時代を生きていくうえに必要な学力は、コンピュータをうまく利用して、私たちの世代を凌駕しています。

自己表現手段を身につけてもらうべく、私は講義時間の三分の一から二分の一を使い、前回の講義に対して学生が書いた疑問・質問に答えてきました。すると、専門知識の獲得時間が減ることを心配する学生が出てきます。そうした学生は、専門知識より自己表現手段が重要であるというだけでは納得してくれません。かといって、それに代わるうまい表現が思いつかず、困っていました。ところが、ある学生が「この講義は『環境問題と生活』という主題別科目であり、物理や化学のような専門講義ではない。専門知識はそちらで学べばよい」とピシッと決めてくれたのには、感心しました。

過去のよき時代の学生像にとらわれていると、現実の学生から学ぶ学力が衰えるのかもしれません。現実の彼らを診て鍛《う》ち方を変えれば、響く学力をもった若者はけっこういます。林先生は、これまでの講義のテストのようにむずかしい計算問題を出しても、大半の学生はまじめな学生のノートを写し、暗記だけで乗り切られてしまう限界に気づき、講義を聴いて理解しなければ答えられない複数の選択肢からベターな道を探す論理的試行（思考）能力をテストする問題を出しました。つまり鍛《う》ち方を変えたところ、「鍛たれがい」があったと評価する学生が増えたのです。

若き彼らが、「科学と技術の融合をめざす」という看板を「科学・技術と主義・手段の融合をめざす民際工学部」にそっと書き換えてくれることを期待して、筆をおきます。私を育んでくれた待兼山キャンパス、ありがとう。

二〇〇〇年八月

森住　明弘

＜執筆者紹介＞

森住明弘（もりずみ・あきひろ）

1941年　奈良県吉野生まれ。
1964年　大阪大学理学部卒業。
1969年　大阪大学大学院基礎工学研究科博士課程修了。
現　在　大阪大学基礎工学部機械工学科助手、奈良県立医科大学非常勤講師（「環境と科学」担当）、龍谷大学経済学部非常勤講師（「環境経済論」担当）、神戸市シルバーカレッジサポーター、コープこうべ環境基金委員、学術博士。
専　攻　民際学（市民活動のあり方、行い方の研究）。
主　著　『ゴミと下水と住民と』（北斗出版、1987年）、『汚れとつき合う』（北斗出版、1990年）、『環境とつきあう50話』（岩波ジュニア新書、1993年、このなかの「割りばし」が小学校６年生の国語教科書（学校図書）に載る）、『人が主役のリサイクル』（部落解放・人権研究所、2000年）。

実学 民際学のすすめ

二〇〇〇年九月一五日　初版印刷
二〇〇〇年九月二〇日　初版発行

著　者　森住明弘

発行者　大江正章
発行所　コモンズ
東京都新宿区下落合一－五－一〇－一〇〇二
TEL〇三（五三八六）六九七二
FAX〇三（五三八六）六九四五
振替　〇〇一一〇－五－四〇〇一二〇

印刷・東京創文社／製本・東京美術紙工

ISBN 4-906640-31-1 C1030

＊好評の既刊書